ÉDITORIAL
JUILLET 2021

Père Sylvain

L'allègement

Marcher, danser, bondir, courir : est-ce ainsi que l'on quitte notre étrange destin de confinés ? Nous le désirons tous. L'été et les vacances nous encouragent à prendre notre bâton de pèlerin pour marcher vers un sanctuaire, découvrir un lieu et nous trouver visités par une grâce inattendue. La Vierge Marie est la première à nous inviter à cette attitude, elle qui a vécu l'exode de son fils Jésus comme un pèlerinage de la foi. La mise en route est importante. En cette saison, le dépouillement n'est pas que vestimentaire. Il faut se donner de l'espace pour entrer dans un mouvement d'allègement. L'expérience spirituelle s'inscrit à même le corps du voyageur. La marche débouche en un lieu où la vie des saints diffracte la lumière de l'Évangile. Chaque endroit invite à une fête de la foi partagée avec d'autres marcheurs. Et puis il y a le retour. La nostalgie du moment de grâce doit se transformer en énergie missionnaire. Nos marches nous mènent à présent vers les malades, les délaissés, les esseulés, sacrements inconfortables de la rencontre de Dieu. Bel été à tous ! ■

Il faut se donner de l'espace pour entrer dans un mouvement d'allègement.

© P.-E. Charon

PRIER AVEC LE SAINT-PÈRE
Intention universelle du mois de juillet 2021

Prions pour que, dans les situations sociales, économiques et politiques conflictuelles, nous soyons des créateurs courageux et passionnés de dialogue et d'amitié.

Pour vous aider à prier :
www.prieraucoeurdumonde.net

SAINTS ET SAINTES DU MOIS DE JUILLET 2021

Xavier Lecœur, journaliste et historien

*Chaque jour, l'Église fête plusieurs saints et bienheureux :
ceux du calendrier romain, ceux des calendriers diocésains
et ceux du calendrier des Églises orientales.
Tous les mois,* Prions en Église *vous propose d'en découvrir quelques-uns.*

1er juillet
St Thierry
(Ve et VIe siècles)
Sur le conseil de saint Remi, il fonda le monastère du Mont-d'Or (Marne) qui prit ensuite le nom d'abbaye de Saint-Thierry.

2 juillet
St Bernardin Realino
(1530-1616)
« Je ne désire pas les honneurs de ce monde, mais seulement la gloire de Dieu et le salut de mon âme », disait cet ancien juriste, devenu un grand prédicateur jésuite. Canonisé en 1947.

3 juillet
St Héliodore
(IVe siècle)
Disciple de saint Jérôme qu'il suivit en Terre sainte, il fut ensuite nommé évêque d'Altinum, une ancienne ville romaine de Vénétie.

4 juillet
Ste Élisabeth de Portugal
(1271-1336)
Mariée au roi Denis de Portugal, elle œuvra pour la paix et aida les pauvres du royaume. Elle termina sa vie comme tertiaire franciscaine auprès des clarisses de Coimbra.

5 juillet
St Antoine-Marie Zaccaria
(1502-1539)
Ce médecin italien, devenu prêtre, fonda, en 1530, la congrégation des clercs réguliers de Saint-Paul (barnabites) pour la sanctification personnelle et le service du prochain.

6 juillet
St Sisoès
(IVe et Ve siècles)
Ayant pris saint Antoine le Grand comme modèle, il vécut en ermite dans le désert égyptien, pendant soixante ans. Ses conseils spirituels étaient très recherchés.

LES SAINTS

7 juillet
St Willibald
(700-787)
Aux côtés de son cousin saint Boniface, ce moine anglais participa à l'évangélisation de la Bavière. Premier évêque d'Eischstätt.

8 juillet
St Disibod
(VIIe siècle)
Ce missionnaire irlandais fonda, sur les bords du Rhin, un monastère double où vécut, par la suite, sainte Hildegarde de Bingen.

9 juillet
Ste Amandine
(1872-1900)
Partie en Chine, cette missionnaire franciscaine belge était réputée pour sa joie de vivre et sa bonté. Elle fut assassinée durant la guerre des Boxers. Canonisée en 2000.

10 juillet
Bx Pacifique
(lire page 39)

11 juillet
St Benoît de Nursie
(vers 480-547)
« Ouvrons les yeux à la lumière divine », recommandait, dans sa règle monastique, celui qui fonda l'abbaye du Mont-Cassin, berceau de l'ordre des bénédictins. Co-patron de l'Europe.

12 juillet
Sts Louis et Zélie Martin
(XIXe siècle)
Les parents de sainte Thérèse de l'Enfant-Jésus ont été canonisés, en 2015, pour s'être sanctifiés « à travers, dans et par le mariage » (cardinal José Saraiva Martins).

13 juillet
St Henri
(973-1024)
Empereur du Saint-Empire romain, il fut un serviteur dévoué de l'Église : il contribua à la réforme du clergé et des monastères, dans l'esprit clunisien. Patron des oblats bénédictins.

14 juillet
St Camille de Lellis
(1550-1614)
Choqué par l'état déplorable des hôpitaux de son temps, il fonda, en 1582, l'ordre des Serviteurs des malades (Camilliens). Patron des infirmiers.

15 juillet
St Bonaventure
(1221-1274)
« L'humilité est la reine des vertus, comme l'orgueil est le roi des vices », rappelait ce grand théologien, septième ministre général de l'ordre des frères mineurs. Docteur de l'Église.

LES SAINTS

16 juillet
Ste Elvire
(XIIe siècle)
Abbesse du monastère bénédictin d'Ohren, près de Trèves (Rhénanie), qu'elle dirigea avec sagesse et bonté.

17 juillet
Ste Marcelline
(IVe siècle)
Sœur de saint Ambroise de Milan, qui lui dédia son traité *De Virginibus* (Sur les vierges).

18 juillet
Bx Gabriel Longueville
(1931-1976)
Parti exercer son ministère en Argentine, ce prêtre français fut assassiné sous la dictature militaire, alors qu'il était le curé de Chamical, une paroisse rurale pauvre. Béatifié en 2019.

19 juillet
St Ambroise Autpert
(vers 730-784)
Moine bénédictin à l'abbaye Saint-Vincent du Volturne, près de Bénévent (Italie). Il a laissé des travaux d'exégèse, dont un commentaire sur le livre de l'Apocalypse.

20 juillet
St Apollinaire
(IIe siècle)
Premier évêque de Ravenne (Italie), où il aurait subi le martyre et où deux superbes basiliques portent son nom.

21 juillet
St Victor
(IIIe siècle)
Ce soldat romain en poste à Marseille fut mis à mort pour avoir refusé d'honorer les dieux païens. Saint patron de Marseille.

22 juillet
Ste Marie Madeleine
(Ier siècle)
Premier témoin de la Résurrection au matin de Pâques, elle courut annoncer l'extraordinaire nouvelle aux disciples, ce qui lui a valu d'être appelée « l'apôtre des Apôtres ».

23 juillet
Ste Brigitte de Suède
(vers 1303-1373)
« Après la lecture de la Bible, n'ayez rien de plus cher que la vie des saints », préconisait la fondatrice de l'ordre du Saint-Sauveur, copatronne de l'Europe depuis 1999.

24 juillet
Bse Louise de Savoie
(1462-1503)
Fille du bienheureux Amédée de Savoie, elle devint

veuve après dix ans de mariage. Elle décida alors d'entrer chez les clarisses d'Orbe (canton de Vaud, Suisse). Béatifiée en 1839.

25 juillet
Ste Glossinde
(580-608)
On lui attribue la fondation de la première abbaye de Metz, là où se trouve aujourd'hui le siège de l'évêché.

26 juillet
Bx Titus Brandsma
(1881-1942)
« Reste avec moi, mon doux Jésus. Ta proximité me rend toute chose bonne », écrivait ce prêtre carme et professeur néerlandais qui s'opposa au nazisme et à la persécution des juifs. Il fut arrêté et mourut à Dachau. Béatifié en 1985.

27 juillet
Ste Nathalie
(IXe siècle)
Chrétienne fervente, martyrisée à Cordoue (Espagne).

28 juillet
St Samson
(vers 490-vers 565)
Ce moine gallois fut un grand voyageur et fonda, sur le continent, un monastère qui est à l'origine de la ville de Dol-de-Bretagne (Ille-et-Vilaine).

29 juillet
St Loup de Troyes
(Ve siècle)
L'un des grands prélats de son temps. D'abord moine à l'abbaye de Lérins, il fut ensuite nommé évêque de Troyes (Aube) et le resta durant plus d'un demi-siècle !

30 juillet
Ste Marie Venegas de la Torre
(1868-1959)
Première sainte mexicaine, canonisée par saint Jean-Paul II en 2000. À Guadalajara, elle fonda la congrégation des filles du Sacré-Cœur de Jésus pour le service des malades pauvres.

31 juillet
St Ignace de Loyola
(1491-1556)
« Seigneur [...] donne-moi ton amour et ta grâce, c'est assez pour moi » : ainsi priait, dans ses *Exercices Spirituels*, celui qui fut le fondateur et le premier supérieur général de la Compagnie de Jésus (jésuites). ●

Prions avec les textes de la messe

DU 1ER AU 31 JUILLET 2021

Dimanche 4 juillet, *14ᵉ dimanche du temps ordinaire* .... *p. 25*
Dimanche 11 juillet, *15ᵉ dimanche du temps ordinaire* ...... *p. 75*
Dimanche 18 juillet, *16ᵉ dimanche du temps ordinaire* ..... *p. 121*
Dimanche 25 juillet, *17ᵉ dimanche du temps ordinaire* ..... *p. 168*

Partagez vos intentions de prière

Envoyez vos intentions de prière à :
Prions en Église, Intentions de prière, 18 rue Barbès, 92128 Montrouge Cedex.
Elles seront portées par la rédaction de *Prions en Église* qui participera au Pèlerinage National à Lourdes, du 11 au 16 août 2021.

JEUDI 1ER JUILLET 2021

13E SEMAINE DU TEMPS ORDINAIRE COULEUR LITURGIQUE : VERT

Temps ordinaire, *suggestion d'oraisons et d'antiennes n° 13*

Antienne d'ouverture
**Tous les peuples, battez des mains,
acclamez Dieu par vos cris de joie.**
(Ps 46, 2)

Prière
Tu as voulu, Seigneur, qu'en recevant ta grâce nous devenions des fils de lumière ; ne permets pas que l'erreur nous plonge dans la nuit, mais accorde-nous d'être toujours rayonnants de ta vérité. Par Jésus Christ…
— ***Amen.***

Lecture
du livre de la Genèse (22, 1-19)

Le sacrifice de notre patriarche Abraham

En ces jours-là, Dieu mit Abraham à l'épreuve. Il lui dit : « Abraham ! » Celui-ci répondit : « Me voici ! » Dieu dit : « Prends ton fils, ton unique, celui que tu aimes, Isaac, va au pays de Moriah, et là tu l'offriras en holocauste sur la montagne que je t'indiquerai. »
Abraham se leva de bon matin, sella son âne, et prit avec lui deux de ses serviteurs et son fils Isaac. Il fendit le bois pour l'holocauste, et se mit

JEUDI 1ER JUILLET 2021

en route vers l'endroit que Dieu lui avait indiqué. Le troisième jour, Abraham, levant les yeux, vit l'endroit de loin. Abraham dit à ses serviteurs : « Restez ici avec l'âne. Moi et le garçon, nous irons jusque là-bas pour adorer, puis nous reviendrons vers vous. »

Abraham prit le bois pour l'holocauste et le chargea sur son fils Isaac ; il prit le feu et le couteau, et tous deux s'en allèrent ensemble. Isaac dit à son père Abraham : « Mon père ! – Eh bien, mon fils ? » Isaac reprit : « Voilà le feu et le bois, mais où est l'agneau pour l'holocauste ? » Abraham répondit : « Dieu saura bien trouver l'agneau pour l'holocauste, mon fils. » Et ils s'en allaient tous les deux ensemble.

Ils arrivèrent à l'endroit que Dieu avait indiqué. Abraham y bâtit l'autel et disposa le bois ; puis il lia son fils Isaac et le mit sur l'autel, par-dessus le bois. Abraham étendit la main et saisit le couteau pour immoler son fils. Mais l'ange du Seigneur l'appela du haut du ciel et dit : « Abraham ! Abraham ! » Il répondit : « Me voici ! » L'ange lui dit : « Ne porte pas la main sur le garçon ! Ne lui fais aucun mal ! Je sais maintenant que tu crains Dieu : tu ne m'as pas refusé ton fils, ton unique. » Abraham leva les yeux et vit un bélier retenu par les cornes dans un buisson. Il alla prendre le bélier et l'offrit en holocauste à la place de son fils. Abraham donna à ce lieu le nom de « Le-Seigneur-voit ». On l'appelle aujourd'hui : « Sur-le-mont-le-Seigneur-est-vu. »

Du ciel, l'ange du Seigneur appela une seconde fois Abraham. Il déclara : « Je le jure par moi-même, oracle du Seigneur : parce que tu as fait cela, parce que tu ne m'as pas refusé ton fils, ton unique, je te

JEUDI 1ᴱᴿ JUILLET 2021

comblerai de bénédictions, je rendrai ta descendance aussi nombreuse que les étoiles du ciel et que le sable au bord de la mer, et ta descendance occupera les places fortes de ses ennemis. Puisque tu as écouté ma voix, toutes les nations de la terre s'adresseront l'une à l'autre la bénédiction par le nom de ta descendance. » Alors Abraham retourna auprès de ses serviteurs et ensemble ils se mirent en route pour Bershéba ; et Abraham y habita.
– Parole du Seigneur.

Psaume 114 (116a)

℟ *Je marcherai en présence du Seigneur sur la terre des vivants.*
OU **Alléluia !**

J'aime le Seigneur :
il entend le cri de ma prière ;
il incline vers moi son oreille :
toute ma vie, je l'invoquerai. ℟

J'étais pris dans les filets de la mort,
retenu dans les liens de l'abîme,
j'éprouvais la tristesse et l'angoisse ;
j'ai invoqué le nom du Seigneur :
« Seigneur, je t'en prie, délivre-moi ! » ℟

Le Seigneur est justice et pitié,
notre Dieu est tendresse.
Le Seigneur défend les petits :
j'étais faible, il m'a sauvé. ℟

Il a sauvé mon âme de la mort,
gardé mes yeux des larmes
    et mes pieds du faux pas.
Je marcherai en présence du Seigneur
sur la terre des vivants. ℟

JEUDI 1ᴱᴿ JUILLET 2021

Acclamation de l'Évangile
Alléluia. Alléluia. Dans le Christ, Dieu réconciliait le monde avec lui : il a mis dans notre bouche la parole de la réconciliation. **Alléluia.**

Évangile de Jésus Christ
selon saint Matthieu (9, 1-8)

« Les foules rendirent gloire à Dieu qui a donné un tel pouvoir aux hommes »

En ce temps-là, Jésus monta en barque, refit la traversée, et alla dans sa ville de Capharnaüm. Et voici qu'on lui présenta un paralysé, couché sur une civière. Voyant leur foi, Jésus dit au paralysé : « Confiance, mon enfant, tes péchés sont pardonnés. » Et voici que certains parmi les scribes se disaient : « Celui-là blasphème. » Mais Jésus, connaissant leurs pensées, demanda : « Pourquoi avez-vous des pensées mauvaises ? En effet, qu'est-ce qui est le plus facile ? Dire : "Tes péchés sont pardonnés", ou bien dire : "Lève-toi et marche" ? Eh bien ! pour que vous sachiez que le Fils de l'homme a le pouvoir, sur la terre, de pardonner les péchés… – Jésus s'adressa alors au paralysé – lève-toi, prends ta civière, et rentre dans ta maison. » Il se leva et rentra dans sa maison. Voyant cela, les foules furent saisies de crainte, et rendirent gloire à Dieu qui a donné un tel pouvoir aux hommes.

Prière sur les offrandes
Dieu qui agis avec puissance dans tes sacrements, fais que le peuple assemblé pour te servir soit accordé à la sainteté de tes propres dons. Par Jésus… —**Amen.**

JEUDI 1ᴱᴿ JUILLET 2021

Antienne de la communion
Bénis le Seigneur, ô mon âme,
n'oublie aucun de ses bienfaits.
(Ps 102, 2) *OU*
Jésus priait ainsi : « Pour ceux
qui croiront en moi, je te demande,
Père, qu'ils soient un en nous,
afin que le monde reconnaisse
que tu m'as envoyé. » (Jn 17, 20-21)

Prière après la communion
Que le corps et le sang de Jésus Christ,
offert en sacrifice et reçu en communion, nous donnent la vie, Seigneur :
reliés à toi par une charité qui ne passera jamais, nous porterons des fruits
qui demeurent. Par Jésus… — *Amen.*

INVITATION

« Lève-toi et marche » : quels sont les lieux de ma vie qui ont besoin
d'être relevés ? Je les confie dans ma prière.

COMMENTAIRE

Se laisser réconcilier Matthieu 9, 1-8

« Tes péchés sont pardonnés […]. Lève-toi et marche. » Guérir et pardonner les
péchés : ces deux gestes n'en sont, pour Jésus, qu'un seul. Le pardon qu'il accorde
remet debout le paralytique. Et cette guérison accordée par Jésus à cet homme
paralysé l'est pour chacun. Il suffit d'accourir ou de se laisser conduire à Jésus.
Quelle est mon expérience du pardon de Jésus ? Ai-je vécu une de ces confessions
qui a ravivé mon courage et pansé mes plaies ? ■

Père Jean-Paul Musangania, assomptionniste

VENDREDI 2 JUILLET 2021

13ᴱ SEMAINE DU TEMPS ORDINAIRE COULEUR LITURGIQUE : VERT

Temps ordinaire, *suggestion d'oraisons et d'antiennes n° 14*

Antienne d'ouverture
Nous rappelons ton amour,
Seigneur, au milieu de ton temple ;
sur toute la terre ceux qui t'ont rencontré
proclament ta louange :
tu es toute justice. (Ps 47, 10-11)

Prière
Dieu qui as relevé le monde par les abaissements de ton Fils, donne à tes fidèles une joie sainte : tu les as tirés de l'esclavage du péché ; fais-leur connaître le bonheur impérissable. Par Jésus Christ… — **Amen.**

Lecture

du livre de la Genèse (23, 1-4. 19 ; 24, 1-8. 62-67)

« Isaac aima Rébecca et se consola de la mort de sa mère »

Sara vécut cent vingt-sept ans. Elle mourut à Kiriath-Arba, c'est-à-dire à Hébron, dans le pays de Canaan. Abraham s'y rendit pour le deuil et les lamentations. Puis il laissa le corps pour aller parler aux Hittites qui habitaient le pays : « Je ne suis qu'un immigré, un hôte, parmi vous ; accordez-moi d'acquérir chez vous une propriété funéraire où je pourrai enterrer cette morte. » Abraham ensevelit sa femme Sara dans la caverne du champ de Macpéla, qui est en face de Mambré, c'est-à-dire à Hébron, dans le pays de Canaan. Abraham était vieux, avancé en âge, et le Seigneur l'avait béni en toute chose. Abraham dit au plus ancien serviteur de sa maison, l'intendant de tous ses biens : « Je te fais prêter serment par le Seigneur, Dieu du ciel et Dieu de la terre : tu ne prendras pas pour mon fils une épouse parmi les filles des Cananéens au milieu desquels j'habite. Mais tu iras dans mon pays, dans ma parenté, chercher une épouse pour mon fils Isaac. » Le serviteur lui demanda : « Et si cette femme ne consent pas à me suivre pour venir ici ? Devrai-je alors ramener ton fils dans le pays d'où tu es sorti ? » Abraham lui répondit : « Garde-toi d'y ramener mon fils ! Le Seigneur, le Dieu du ciel, lui qui m'a pris de la maison de mon père et du pays de ma parenté, m'a déclaré avec serment : "À ta descendance je donnerai le pays que voici." C'est lui qui enverra son ange devant toi, et tu prendras là-bas une épouse pour mon fils. Si cette femme ne consent pas à te suivre, tu seras dégagé du serment que je t'impose. Mais, en tout cas, tu n'y ramèneras pas mon fils. »

Un jour, Isaac s'en revenait du puits de Lahaï-Roï. Il habitait alors le Néguev. Il était sorti à la tombée du jour, pour se promener dans la campagne, lorsque, levant les yeux, il vit arriver des chameaux. Rébecca, levant les yeux elle aussi, vit Isaac. Elle sauta à bas de son chameau et dit au serviteur : « Quel est cet homme qui vient dans la campagne à notre rencontre ? » Le serviteur répondit : « C'est mon maître. » Alors elle prit

VENDREDI 2 JUILLET 2021

son voile et s'en couvrit. Le serviteur raconta à Isaac tout ce qu'il avait fait. Isaac introduisit Rébecca dans la tente de sa mère Sara ; il l'épousa, elle devint sa femme, et il l'aima. Et Isaac se consola de la mort de sa mère.
– Parole du Seigneur.

Psaume 105 (106)

℟ **Rendez grâce au Seigneur : Il est bon !**
OU **Alléluia !**

Rendez grâce au Seigneur : Il est bon !
Éternel est son amour !
Qui dira les hauts faits du Seigneur,
qui célébrera ses louanges ? ℟

Heureux qui pratique la justice,
qui observe le droit en tout temps !
Souviens-toi de moi, Seigneur,
dans ta bienveillance pour ton peuple. ℟

Toi qui le sauves, visite-moi :
que je voie le bonheur de tes élus ;
que j'aie part à la joie de ton peuple,
à la fierté de ton héritage. ℟

Acclamation de l'Évangile

Alléluia. Alléluia. Venez à moi, vous tous qui peinez sous le poids du fardeau, dit le Seigneur, et moi, je vous procurerai le repos. **Alléluia.**

VENDREDI 2 JUILLET 2021

Évangile de Jésus Christ
selon saint Matthieu (9, 9-13)

« Ce ne sont pas les gens bien portants qui ont besoin du médecin. Je veux la miséricorde, non le sacrifice »

En ce temps-là, Jésus vit, en passant, un homme, du nom de Matthieu, assis à son bureau de collecteur d'impôt. Il lui dit : « Suis-moi. » L'homme se leva et le suivit. Comme Jésus était à table à la maison, voici que beaucoup de publicains (c'est-à-dire des collecteurs d'impôts) et beaucoup de pécheurs vinrent prendre place avec lui et ses disciples. Voyant cela, les pharisiens disaient à ses disciples : « Pourquoi votre maître mange-t-il avec les publicains et les pécheurs ? » Jésus, qui avait entendu, déclara : « Ce ne sont pas les gens bien portants qui ont besoin du médecin, mais les malades. Allez apprendre ce que signifie : *Je veux la miséricorde, non le sacrifice.* En effet, je ne suis pas venu appeler des justes, mais des pécheurs. »

Prière sur les offrandes
Puissions-nous être purifiés, Seigneur, par l'offrande qui t'est consacrée ; qu'elle nous conduise, jour après jour, au Royaume où nous vivrons avec toi. Par Jésus…
— **Amen.**

VENDREDI 2 JUILLET 2021

Antienne de la communion
Goûtez et voyez comme est bon le Seigneur, heureux qui trouve en lui son refuge. (Ps 33, 9)
OU
« Venez à moi, vous tous qui peinez, vous qui êtes accablés, dit le Seigneur, et moi, je referai vos forces. » (Mt 11, 28)

Prière après la communion
Comblés d'un si grand bien, nous te supplions, Seigneur : fais que nous en retirions des fruits pour notre salut et que jamais nous ne cessions de chanter ta louange. Par Jésus… — **Amen.**

INVITATION

Et si je découpais ou recopiais une phrase de l'évangile du jour que je glisserai dans mon portefeuille ?

COMMENTAIRE

L'appel est lancé
Matthieu 9, 9-13

Par sa parole, Jésus fait son chemin en nous et nous transforme. Il s'invite sur le chantier de nos vies, sur le banc des comptables comme Matthieu, qu'il trouve à son bureau de publicain. « Suis-moi » : un appel qui n'est pas toujours entendu. Mais si Jésus se confronte à l'incompréhension, il ne se laisse pas enfermer par des préjugés stériles. Par-delà la polémique et l'ironie, il accueille à pleines mains ceux qui viennent humblement à lui. ∎

Père Jean-Paul Musangania, assomptionniste

SAMEDI 3 JUILLET 2021

COULEUR LITURGIQUE : ROUGE

Saint Thomas

Ier siècle. L'un des douze Apôtres. Devant l'annonce de la résurrection de Jésus, il se montra d'abord incrédule, puis exprima sa foi en disant : « Mon Seigneur et mon Dieu ! » (Jn 20, 28).

Antienne d'ouverture
**C'est toi mon Dieu, je te rends grâce, mon Dieu, je t'exalte !
Je te rends grâce, car tu es mon Sauveur.** (Ps 117, 28)

Gloire à Dieu (p. 216)

Prière
En ce jour où nous célébrons l'Apôtre saint Thomas, accorde-nous, Dieu tout-puissant, de reprendre courage ; fais que nous ayons la vie en comprenant à notre tour que Jésus Christ est Seigneur. Lui qui… — **Amen.**

Lectures propres à la fête de saint Thomas.

Lecture
de la lettre de saint Paul apôtre aux Éphésiens (2, 19-22)

« Intégrés dans la construction qui a pour fondations les Apôtres »

Frères, vous n'êtes plus des étrangers ni des gens de passage, vous êtes concitoyens des saints, vous êtes membres de la famille de Dieu, car vous avez été intégrés dans la construction qui a pour fondations les Apôtres et les prophètes ; et la pierre angulaire, c'est le Christ Jésus lui-même. En lui, toute la construction s'élève harmonieusement pour devenir un temple saint dans le Seigneur. En lui, vous êtes,

SAMEDI 3 JUILLET 2021

vous aussi, les éléments d'une même construction pour devenir une demeure de Dieu par l'Esprit Saint. – Parole du Seigneur.

Psaume 116 (117)

℟ **Allez dans le monde entier. Proclamez l'Évangile.**
OU **Alléluia !**

Louez le Seigneur,
   tous les peuples ;
fêtez-le, tous les pays ! ℟

Son amour envers nous
   s'est montré le plus fort ;
éternelle est la fidélité du Seigneur ! ℟

Acclamation de l'Évangile

Alléluia. Alléluia. Thomas, parce que tu m'as vu, tu crois, dit le Seigneur. Heureux ceux qui croient sans avoir vu ! **Alléluia.**

Évangile de Jésus Christ
selon saint Jean (20, 24-29)

L'un des Douze, Thomas, appelé Didyme (c'est-à-dire Jumeau), n'était pas avec eux quand Jésus était venu. Les autres disciples lui disaient : « Nous avons vu le Seigneur ! » Mais il leur déclara : « Si je ne vois pas dans ses mains la marque des clous, si je ne mets pas mon doigt dans la marque des clous, si je ne mets pas la main dans son côté, non, je ne croirai pas ! » Huit jours plus tard, les disciples se trouvaient de nouveau dans la maison, et Thomas était avec eux. Jésus vient, alors que les portes étaient

« Mon Seigneur et mon Dieu ! »

SAMEDI 3 JUILLET 2021

verrouillées, et il était là au milieu d'eux. Il dit : « La paix soit avec vous ! » Puis il dit à Thomas : « Avance ton doigt ici, et vois mes mains ; avance ta main, et mets-la dans mon côté : cesse d'être incrédule, sois croyant. » Alors Thomas lui dit : « Mon Seigneur et mon Dieu ! » Jésus lui dit : « Parce que tu m'as vu, tu crois. Heureux ceux qui croient sans avoir vu*. »

Prière sur les offrandes
En te rendant l'hommage que doivent des serviteurs, nous t'adressons, Seigneur, cette prière : entretiens en nous tes dons par le sacrifice de louange que nous t'offrons aujourd'hui. Par Jésus… — **Amen.**

Préface des Apôtres, p. 223.

Antienne de la communion
Jésus dit à Thomas :
« Avance ta main,
touche du doigt l'endroit des clous ;
ne sois pas incrédule, sois croyant. »
(cf. Jn 20, 27)

Prière après la communion
Nous avons reçu réellement, Seigneur, dans ce sacrement le corps de ton Fils unique : avec l'Apôtre saint Thomas, nous confessons qu'il est notre Seigneur et notre Dieu, donne-nous de savoir le proclamer par toute notre vie. Par Jésus… — **Amen.**

INVITATION
Ce week-end, traditionnellement, de nombreux pères de famille marchent en pèlerinage. Je les confie à saint Joseph.

SAMEDI 3 JUILLET 2021

COMMENTAIRE

Rien qu'avec le cœur Jean 20, 24-29

Thomas n'accorde aucun crédit au témoignage des autres disciples. Sceptique, il veut constater par lui-même. Si Jésus lui fait des reproches, ils sont emprunts de délicatesse, ils sont un appel à aller de l'avant : « Heureux ceux qui croient... » Par bonté, Jésus lui permet de toucher ses plaies pour que, par cette apparition, enfin, il parvienne à croire. Jésus s'incline devant les hommes, même les plus réticents. Et nous, comment croyons-nous ? ■ *Père Jean-Paul Musangania, assomptionniste*

✣ CLÉ DE LECTURE

« Qui croient sans avoir vu » Jean 20, 29 *(p. 23)*

Lorsque Pierre et l'autre disciple arrivent au tombeau. Pierre entre le premier et voit les bandelettes pliées, le linge roulé. Mais lorsque l'autre disciple entre, le texte dit sobrement : « Il vit, et il crut » (Jn 20, 8). Le disciple n'est pas nommé, et ce qu'il a vu n'est pas décrit non plus. Ce qui est énoncé, c'est un acte de foi qui voit ce qui n'est plus là, qui accepte de voir au-delà du visible. « Comme s'il voyait [l'invisible] », dira de Moïse, la lettre aux Hébreux (He 11, 27). Thomas a voulu voir dans l'ordre du visible et cela lui a été donné, mais la leçon est claire : les croyants désormais sont ceux qui, devant l'opacité de la mort et de l'absence, accepteront de voir l'invisible, et de miser le tout de leur vie sur celui qui leur a dit : « Heureux ! » ■

Roselyne Dupont-Roc, bibliste

DIMANCHE 4 JUILLET 2021
14ᴱ DIMANCHE DU TEMPS ORDINAIRE
ANNÉE B COULEUR LITURGIQUE : VERT

« Un prophète n'est méprisé que dans son pays, sa parenté et sa maison. »

Marc 6, 4

Le Seigneur parle, l'Écriture l'atteste. Par sa parole, il se révèle miséricordieux envers son peuple rebelle, envers ceux qui implorent sa pitié ou ceux qui se croient les plus forts, et même envers ceux qui refusent de croire en lui. De quelle oreille l'écoutons-nous ? Notre foi accueille-t-elle sa grâce ? Si oui, louons le Tout-Puissant pour son amour.

DIMANCHE 4 JUILLET 2021

■ OUVERTURE DE LA CÉLÉBRATION

Chant d'entrée (Suggestions p. 241)
OU
Antienne d'ouverture
Nous rappelons ton amour, Seigneur, au milieu de ton temple ; sur toute la terre ceux qui t'ont rencontré proclament ta louange : tu es toute justice. (Ps 47, 10-11)

Suggestion de préparation pénitentielle (ou p. 215)
« Nos yeux, levés vers le Seigneur, attendent sa pitié. » Oui, avec humilité, reconnaissons-nous pécheurs et implorons le pardon de Dieu.

Seigneur Jésus, prophète du Très-Haut, venu nous révéler son pardon, toi le Verbe fait chair, béni sois-tu et prends pitié de nous.
— ***Béni sois-tu et prends pitié de nous.***

Ô Christ, Sauveur de tous les hommes, venu nous apporter la grâce de l'amour, toi le Serviteur, béni sois-tu et prends pitié de nous.
— ***Béni sois-tu et prends pitié de nous.***

Seigneur, visage de la gloire du Père, venu apporter parmi nous le Royaume éternel, toi le Ressuscité, béni sois-tu et prends pitié de nous.
— ***Béni sois-tu et prends pitié de nous.***

Que Dieu tout-puissant nous fasse miséricorde ; qu'il nous pardonne nos péchés et nous conduise à la vie éternelle. — **Amen.**

Gloire à Dieu (p. 216)

Prière
Dieu qui as relevé le monde par les abaissements de ton Fils, donne à tes fidèles une joie sainte : tu les as tirés de l'esclavage du péché ; fais-leur connaître le bonheur impérissable. Par Jésus Christ… — **Amen.**

LITURGIE DE LA PAROLE

Lecture du livre du prophète Ézékiel (2, 2-5)

« C'est une engeance de rebelles !
Qu'ils sachent qu'il y a un prophète au milieu d'eux ! »

En ces jours-là, l'esprit vint en moi et me fit tenir debout. J'écoutai celui qui me parlait. Il me dit : « Fils d'homme, je t'envoie vers les fils d'Israël, vers une nation rebelle qui s'est révoltée contre moi. Jusqu'à ce jour, eux et leurs pères se sont soulevés contre moi. Les fils ont le visage dur, et le cœur obstiné ; c'est à eux que je t'envoie. Tu leur diras : "Ainsi parle le Seigneur Dieu…" Alors, qu'ils écoutent ou qu'ils n'écoutent pas – c'est une engeance de rebelles ! – ils sauront qu'il y a un prophète au milieu d'eux. »
– Parole du Seigneur.

DIMANCHE 4 JUILLET 2021

Psaume 122 (123)

℟ **Nos yeux, levés vers le Seigneur, attendent sa pitié.**

T. : AELF ; M. : J.-P. Lécot ; Éd. : ADF.

Vers toi j'ai les yeux levés,
vers toi qui es au ciel,
comme les yeux de l'esclave
vers la main de son maître. ℟

Comme les yeux de la servante
vers la main de sa maîtresse,
nos yeux, levés vers le Seigneur notre Dieu,
attendent sa pitié. ℟

Pitié pour nous, Seigneur, pitié pour nous :
notre âme est rassasiée de mépris.
C'en est trop, nous sommes rassasiés du rire des satisfaits,
du mépris des orgueilleux ! ℟

Retrouvez
ce psaume sur le CD
"Les psaumes
de l'année B"

DIMANCHE 4 JUILLET 2021

Lecture de la deuxième lettre de saint Paul apôtre aux Corinthiens (12, 7-10)

« Je mettrai ma fierté dans mes faiblesses, afin que la puissance du Christ fasse en moi sa demeure »

Frères, les révélations que j'ai reçues sont tellement extraordinaires que, pour m'empêcher de me surestimer, j'ai reçu dans ma chair une écharde, un envoyé de Satan qui est là pour me gifler, pour empêcher que je me surestime. Par trois fois, j'ai prié le Seigneur de l'écarter de moi. Mais il m'a déclaré : « Ma grâce te suffit, car ma puissance donne toute sa mesure dans la faiblesse. » C'est donc très volontiers que je mettrai plutôt ma fierté dans mes faiblesses, afin que la puissance du Christ fasse en moi sa demeure. C'est pourquoi j'accepte de grand cœur pour le Christ les faiblesses, les insultes, les contraintes, les persécutions et les situations angoissantes. Car, lorsque je suis faible, c'est alors que je suis fort.
– Parole du Seigneur.

DIMANCHE 4 JUILLET 2021

Acclamation de l'Évangile
Alléluia. Alléluia. L'Esprit du Seigneur est sur moi : il m'a envoyé porter la Bonne Nouvelle aux pauvres. ***Alléluia.***

U 76-99; T. : AELF; M. : P. Robert.

Évangile de Jésus Christ selon saint Marc (6, 1-6)
« Un prophète n'est méprisé que dans son pays »

En ce temps-là, Jésus se rendit dans son lieu d'origine, et ses disciples le suivirent. Le jour du sabbat, il se mit à enseigner dans la synagogue. De nombreux auditeurs, frappés d'étonnement, disaient : « D'où cela lui vient-il ? Quelle est cette sagesse qui lui a été donnée, et ces grands miracles qui se réalisent par ses mains ? N'est-il pas le charpentier, le fils de Marie, et le frère de Jacques, de José, de Jude et de Simon ? Ses sœurs ne sont-elles pas ici chez nous ? » Et ils étaient profondément choqués à son sujet. Jésus leur

DIMANCHE 4 JUILLET 2021

disait : « Un prophète n'est méprisé que dans son pays, sa parenté et sa maison. » Et là il ne pouvait accomplir aucun miracle ; il guérit seulement quelques malades en leur imposant les mains. Et il s'étonna de leur manque de foi. Alors, Jésus parcourait les villages d'alentour en enseignant.

Homélie

Profession de foi (p. 217)

Suggestion de prière universelle

Le prêtre :
Élargissons notre prière aux besoins de tous les hommes. Demandons, pour eux, la miséricorde et la tendresse du Père.
℞ **Accueille au creux de tes mains la prière de tes enfants.**

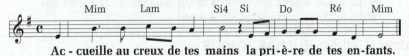

Y24-61 © Le Triforium ; P. et M. G. Gafah.

Le diacre ou un lecteur :
L'Église a pour mission d'annoncer la Parole de vie. Pour que les baptisés se nourrissent de l'Évangile et en témoignent avec joie, prions ensemble. ℞

DIMANCHE 4 JUILLET 2021

Les responsables politiques ont à faire grandir la paix en ce monde. Pour qu'ils soient des créateurs courageux et passionnés de dialogue et d'amitié, avec le pape François, prions ensemble. ℞

Bien des malades espèrent la guérison. Pour qu'ils soient accompagnés et réconfortés, et qu'ils découvrent la douceur de la Parole, prions ensemble. ℞

Les vacances scolaires peuvent aggraver les inégalités entre les enfants. Pour qu'aucun d'eux ne souffre de violence, et que tous goûtent aux joies de l'été, prions ensemble. ℞

(Ces intentions seront modifiées ou adaptées selon les circonstances.)
Le prêtre :
C'est ta grâce qui nous sauve, Dieu notre Père, et tu l'accordes à tous ceux qui espèrent en ta bonté. Nous t'en supplions : révèle ta présence et ton amour aux femmes et aux hommes de ce temps. Par Jésus, le Christ, notre Seigneur. — **Amen.**

LITURGIE EUCHARISTIQUE

Prière sur les offrandes
Puissions-nous être purifiés, Seigneur, par l'offrande qui t'est consacrée ; qu'elle nous conduise, jour après jour, au Royaume où nous vivrons avec toi. Par Jésus… — **Amen.**

DIMANCHE 4 JUILLET 2021

Prière eucharistique (Préface des dimanches, p. 221)

Chant de communion (Suggestions p. 241)
OU
Antienne de la communion
« Venez à moi, vous tous qui peinez, vous qui êtes accablés, dit le Seigneur, et moi, je referai vos forces. »
(Mt 11, 28)
OU
Goûtez et voyez comme est bon le Seigneur, heureux qui trouve en lui son refuge.
(Ps 33, 9)

Prière après la communion
Comblés d'un si grand bien, nous te supplions, Seigneur : fais que nous en retirions des fruits pour notre salut et que jamais nous ne cessions de chanter ta louange. Par Jésus… — **Amen.**

CONCLUSION DE LA CÉLÉBRATION

Bénédiction

Envoi

DIMANCHE 4 JUILLET 2021

COMMENTAIRE DU DIMANCHE
Père Vincent Leclercq, assomptionniste

Un caillou dans la chaussure

Surtout ne pas se décourager. La parole de Dieu avance contre vents et marées. Les prophètes, comme Ézékiel parmi les exilés de Babylone, ou les missionnaires, tels Paul rejoignant le port malfamé de Corinthe, sont plus que jamais nécessaires. L'amour de Dieu ne se résigne pas à la dureté des cœurs. Laissons-le achever notre travail. Il saura bien faire grandir tout ce que nous aurons semé même dans l'indifférence ou l'adversité. Apprenons surtout à aimer ce monde comme Dieu nous aime : dans les défis de nos vies, dans nos réussites comme dans nos échecs.

L'écharde dans la chair de Paul lui permet de compter sur la grâce de Dieu. Son épreuve désigne parfois nos doutes, les remords ou les regrets de nos vies, notre faiblesse. Peut-être cache-t-elle

DIMANCHE 4 JUILLET 2021

aussi notre peur de ne pas être à la hauteur, la trahison d'un proche ou l'offense d'un enfant ? Elle est comme un caillou dans la chaussure. Pourtant, l'Évangile nous demande d'avancer. Marchant à la suite du Christ, notre désir de sainteté va de pair avec l'offrande de notre pauvreté.

La puissance de Dieu se manifeste dans notre fidélité plutôt que dans nos succès immédiats. Jésus lui-même n'a pas pu faire grand-chose à Nazareth à cause du manque de foi de ses proches. Il s'en étonne. Ailleurs, il s'attristera de l'incrédulité d'Israël. Mais ce qui réconforte Jésus, c'est la confiance des plus petits. Car elle lui ouvre de nouveaux chemins pour diffuser la Bonne Nouvelle.

Si Jésus revenait parmi nous, aurait-il encore à s'étonner de notre manque de foi ?

Habitué à la parole de Jésus, comment puis-je continuer à m'émerveiller de ses œuvres, à m'étonner de sa présence au milieu de nous ? ■

DIMANCHE 4 JUILLET 2021

LIRE L'ÉVANGILE AVEC LES ENFANTS

CE QUE JE DÉCOUVRE

Dans la synagogue de son enfance, Jésus parle de sa vie avec Dieu. Sa famille et ses amis sont étonnés. D'où lui vient cette sagesse ? Ils ont du mal à croire que l'enfant qu'ils ont connu parle au nom de Dieu. Jésus a une vie de prière, il se confie souvent à Dieu son Père. Il l'a dit, un peu plus tôt : « Ma famille, ce sont ceux qui font la volonté de mon Père qui est aux cieux » (Marc 3, 35).

CE QUE JE VIS

Comment te sens-tu quand ta famille ne croit pas un mot de ce que tu dis ?
Parlez-vous en famille de la prière ?
Qu'est-ce que vous vous dites ?
Continue cette prière :
« Seigneur Jésus, je crois en toi et tu m'étonnes parce que… »
Et demande à Jésus de te donner l'Esprit Saint !

Texte : Frédéric Pascal. Illustrations : Marcelino Truong

DIMANCHE 4 JUILLET 2021

MÉDITATION BIBLIQUE
14ᵉ DIMANCHE DU TEMPS ORDINAIRE
Évangile selon saint Marc 6, 1-6

Au delà du réel

**La vie apporte du neuf et de l'inattendu.
Heureux ceux qui sont prêts pour la rencontre !**

Le temps de la préparation

« Ma grâce te suffit, car ma puissance donne toute sa mesure dans la faiblesse. » (2 Co 12, 9)

Le temps de l'observation

Revenir dans son lieu d'origine, c'est prendre un risque. Jésus fait preuve d'un grand courage en montrant l'adulte qu'il est devenu. Il pourrait se cacher pour n'offenser personne ou pour apparaître conforme aux attentes et aux souvenirs que les voisins, les amis, la famille ont de lui. Il ne le fait pas, il reste lui-même. Mais le texte indique que, dans ce contexte, il ne peut accomplir de miracles. Il souligne le « manque de foi » de ces personnes. De quelle foi peut-il être question ici ? De quoi doutent-elles ? Le Jésus qu'elles rencontrent ne correspond ...

DIMANCHE 4 JUILLET 2021

…pas à l'image qu'elles en ont gardée. Peut-être ne font-elles pas confiance en ce que la vie peut apporter de progrès, de changement, de maturité. Ces gens doutent que l'on puisse évoluer, se révéler, croître, devenir. Jésus bouscule leurs conceptions en étant simplement lui-même, porteur de tout le potentiel qui est le sien. Et cette évidence simple ne peut que les déranger.

Le temps de la méditation

L'Évangile donne à voir nos travers, nos impasses, nos voiles. Ici, il s'agit de l'impossibilité de voir la vie à l'œuvre. Par sécurité, par habitude, par économie d'énergie nous rangeons le réel au lieu de le regarder, nous prenons nos souvenirs pour la réalité. Faisant cela, nous figeons les personnes, nous les enfermons dans un concept, un jugement, des limites. Jésus vient bousculer nos certitudes. Non pas seulement concernant de grandes notions théologiques mais au cœur de la rencontre. Le retour de Jésus chez lui montre notre incapacité à nous laisser surprendre quand la vie frappe là où nous ne l'attendions pas. Jésus ne correspond pas à leur souvenir, ni à l'idée qu'ils se font de lui. Ces personnes passeront à côté de son énergie, de son enseignement, de sa présence. Les vraies rencontres prennent les personnes là où elles sont. La foi commence par l'accueil du réel tel qu'il se présente.

Le temps de la prière

« Pitié pour nous, Seigneur, pitié pour nous. » Ps 122 (123), 3 ■

Marie-Laure Durand,
bibliste

DIMANCHE 4 JUILLET 2021

LE SAINT DU MOIS
BIENHEUREUX PACIFIQUE (VERS 1160-VERS 1230)

[10 JUILLET
BIENHEUREUX
PACIFIQUE]

Un troubadour de Dieu

Innombrables furent les conversions opérées, de son vivant même, par saint François d'Assise. Un jour d'automne 1212 par exemple, le *Poverello* prêchait dans l'une des églises du village de San Severino (région italienne des Marches). Un troubadour, qui passait par là, s'en vint l'écouter, par simple curiosité. L'homme, attaché à la cour de l'empereur Frédéric II, menait une existence semblable à la poésie qu'il écrivait : facile, légère, voire licencieuse. Surnommé le « Roi des vers » *(Rex versuum)*, consacré « Prince des poètes », il connaissait la gloire et les plaisirs du monde, sans en être véritablement comblé. Alors, lorsqu'il vit et entendit François d'Assise, il se produisit en lui un...

© Gaëtan Évrard

DIMANCHE 4 JUILLET 2021

••• retournement immédiat et total : le courtisan demanda aussitôt à entrer chez les Frères mineurs ! Frère François accepta et lui donna le nom de frère Pacifique car, par cette conversion soudaine, il venait de passer « de l'inquiétude du monde à la paix du Christ ».

Frère Pacifique devint rapidement l'un des plus fidèles compagnons de saint François d'Assise. En 1217, ce dernier lui prouva sa confiance en le chargeant d'une mission importante pour lui : aller implanter l'ordre des Frères mineurs en France. Avec quelques compagnons, frère Pacifique fonda une première maison à Vézelay (la Cordelle), une deuxième à Saint-Denis, puis quelques autres plus au nord (Lens, Valenciennes…). Partout, le premier provincial de France se faisait instrument de paix et de compassion.

Rappelé en Italie en 1223, frère Pacifique assista François d'Assise dans ses dernières années. On pense que l'ancien troubadour fut le premier à mettre en musique le célèbre *Cantique des Créatures*. Après le retour à Dieu du fondateur des Frères mineurs en 1226, frère Pacifique fut nommé visiteur général des religieuses clarisses. Puis il revint en France et mourut, sans doute à Lens, vers l'an 1230. ■

Xavier Lecœur,
journaliste et historien

UN SAINT POUR AUJOURD'HUI

Après sa conversion, le bienheureux Pacifique se mit à écrire et à composer, de façon anonyme, divers cantiques. Il nous montre que celui qui choisit de suivre le Christ, loin d'avoir à renoncer à ses dons, a souvent la possibilité de les mettre au service de sa foi en Dieu.

LUNDI 5 JUILLET 2021
14ᵉ SEMAINE DU TEMPS ORDINAIRE COULEUR LITURGIQUE : VERT

Temps ordinaire, *suggestion d'oraisons et d'antiennes n°15*
ou saint Antoine-Marie Zaccaria, voir p. 46

Antienne d'ouverture
**Je veux paraître devant toi,
Seigneur, et me rassasier de ta présence.**
(Ps 16, 15)

Prière
Dieu qui montres aux égarés la lumière de ta vérité pour qu'ils puissent reprendre le bon chemin, donne à tous ceux qui se déclarent chrétiens de rejeter ce qui est indigne de ce nom, et de rechercher ce qui lui fait honneur. Par Jésus Christ…
— **Amen.**

Lecture
du livre de la Genèse (28, 10-22a)

« Il eut un songe : une échelle était dressée, et des anges de Dieu montaient et descendaient. Le Seigneur dit… »

En ces jours-là, Jacob partit de Bershéba et se dirigea vers Harane. Il atteignit le lieu où il allait passer la nuit car le soleil s'était couché. Il y prit une pierre pour la mettre sous sa tête, et dormit en ce lieu. Il eut un songe : voici qu'une échelle était dressée sur la terre, son sommet touchait le ciel, et des anges de Dieu montaient et descendaient.

LUNDI 5 JUILLET 2021

Le Seigneur se tenait près de lui. Il dit : « Je suis le Seigneur, le Dieu d'Abraham ton père, le Dieu d'Isaac. La terre sur laquelle tu es couché, je te la donne, à toi et à tes descendants. Tes descendants seront nombreux comme la poussière du sol, vous vous répandrez à l'orient et à l'occident, au nord et au midi ; en toi et en ta descendance seront bénies toutes les familles de la terre. Voici que je suis avec toi ; je te garderai partout où tu iras, et je te ramènerai sur cette terre ; car je ne t'abandonnerai pas avant d'avoir accompli ce que je t'ai dit. » Jacob sortit de son sommeil et déclara : « En vérité, le Seigneur est en ce lieu ! Et moi, je ne le savais pas. » Il fut saisi de crainte et il dit : « Que ce lieu est redoutable ! C'est vraiment la maison de Dieu, la porte du ciel ! » Jacob se leva de bon matin, il prit la pierre qu'il avait mise sous sa tête, il la dressa pour en faire une stèle, et sur le sommet il versa de l'huile. Jacob donna le nom de Béthel (c'est-à-dire : Maison de Dieu) à ce lieu qui auparavant s'appelait Louz. Alors Jacob prononça ce vœu : « Si Dieu est avec moi, s'il me garde sur le chemin où je marche, s'il me donne du pain pour manger et des vêtements pour me couvrir, et si je reviens sain et sauf à la maison de mon père, le Seigneur sera mon Dieu. Cette pierre dont j'ai fait une stèle sera la maison de Dieu. » – Parole du Seigneur.

LUNDI 5 JUILLET 2021

Psaume 90 (91)
℟ **Mon Dieu, dont je suis sûr !**

Quand je me tiens sous l'abri du Très-Haut
et repose à l'ombre du Puissant,
je dis au Seigneur : « Mon refuge,
mon rempart, mon Dieu, dont je suis sûr ! » ℟

C'est lui qui te sauve des filets du chasseur ;
il te couvre et te protège.

Tu trouves sous son aile un refuge :
sa fidélité est une armure, un bouclier. ℟

« Puisqu'il s'attache à moi, je le délivre ;
je le défends, car il connaît mon nom.
Il m'appelle, et moi, je lui réponds ;
je suis avec lui dans son épreuve. » ℟

Acclamation de l'Évangile
Alléluia. Alléluia. Notre Sauveur, le Christ Jésus, a détruit la mort ; il a fait resplendir la vie par l'Évangile. ***Alléluia.***

Évangile de Jésus Christ
selon saint Matthieu (9, 18-26)

« Ma fille est morte à l'instant ; mais viens, et elle vivra »

En ce temps-là, tandis que Jésus parlait aux disciples de Jean le Baptiste, voilà qu'un notable s'approcha. Il se prosternait devant lui en disant : « Ma fille est morte à l'instant ; mais viens lui imposer la main, et elle vivra. » Jésus se leva et le suivit, ainsi que ses disciples. Et voici qu'une femme souffrant d'hémorragies depuis douze ans s'approcha par derrière et toucha la frange de son vêtement. Car elle se disait en elle-même :

LUNDI 5 JUILLET 2021

« Si je parviens seulement à toucher son vêtement, je serai sauvée. » Jésus se retourna et, la voyant, lui dit : « Confiance, ma fille ! Ta foi t'a sauvée. » Et, à l'heure même, la femme fut sauvée. Jésus, arrivé à la maison du notable, vit les joueurs de flûte et la foule qui s'agitait bruyamment. Il dit alors : « Retirez-vous. La jeune fille n'est pas morte : elle dort. » Mais on se moquait de lui. Quand la foule fut mise dehors, il entra, lui saisit la main, et la jeune fille se leva. Et la nouvelle se répandit dans toute la région.

Prière sur les offrandes
Regarde, Seigneur, les dons de ton Église en prière : accorde à tes fidèles qui vont les recevoir la grâce d'une sainteté plus grande. Par Jésus… — **Amen.**

Antienne de la communion
Heureux ceux qui approchent de ton autel, Seigneur ; heureux les habitants de ta maison : ils peuvent toujours te louer, mon Roi, mon Dieu !
(cf. Ps 83, 5)
OU
« Celui qui mange ma chair et boit mon sang, dit le Seigneur, demeure en moi, et moi en lui. »
(Jn 6, 57)

Prière après la communion
Nourris de ton eucharistie, nous te supplions, Seigneur : chaque fois que nous célébrons ce mystère, fais grandir en nous ton œuvre de salut. Par Jésus… — **Amen.**

LUNDI 5 JUILLET 2021

INVITATION

Et si j'envoyais à un enfant de mon entourage une phrase de l'Évangile que j'aime particulièrement pour qu'elle l'accompagne en ce temps de vacances ?

4 - 10

COMMENTAIRE

Un champ de promesses Genèse 28, 10-22a

Jacob s'est mis en route pour chercher une femme dans sa parenté. Une échelle dressée entre terre et ciel lui apparaît en songe. Telles des notes de musique sur une portée, les anges de Dieu s'y promènent librement. Une voix se fait entendre, renouvelant l'Alliance conclut avec Abraham et Isaac. La croix dressée sur le calvaire atteste que Dieu tient toujours ses promesses. Désormais, le corps glorifié du Christ nous donne accès au cœur du Père. ■

Sœur Bénédicte de la Croix, cistercienne

LUNDI 5 JUILLET 2021

Saint Antoine-Marie Zaccaria

Couleur liturgique : blanc

*1502-1539. D'abord médecin, il s'orienta ensuite vers le sacerdoce.
D'un zèle apostolique intense, il fonda en 1530 la congrégation des Barnabites.*

Antienne d'ouverture
« L'Esprit du Seigneur est sur moi, dit Jésus, parce que le Seigneur m'a consacré par l'onction. Il m'a envoyé porter la Bonne Nouvelle aux pauvres, apporter aux opprimés la libération. » (Lc 4, 18)

Prière
Accorde-nous, Seigneur, comme à l'Apôtre Paul, cette connaissance incomparable de Jésus Christ qui permettait à saint Antoine-Marie Zaccaria d'annoncer à ton Église la Parole du salut. Par Jésus Christ… — *Amen.*

Prière sur les offrandes
Regarde, Seigneur, les offrandes déposées sur ton autel en l'honneur de saint Antoine-Marie Zaccaria ; et comme par ces mystères bienheureux tu lui as donné la gloire du ciel, accorde-nous l'abondance de ton pardon. Par Jésus… — *Amen.*

Antienne de la communion
« Je suis avec vous tous les jours, dit le Seigneur, jusqu'à la fin des temps. » (Mt 28, 20)

Prière après la communion
Que cette communion à tes mystères, Seigneur, nous achemine vers les joies éternelles que saint Antoine-Marie Zaccaria put obtenir en te servant fidèlement. Par Jésus… — *Amen.*

MARDI 6 JUILLET 2021

14ᴱ SEMAINE DU TEMPS ORDINAIRE COULEUR LITURGIQUE : VERT

Temps ordinaire, *suggestion d'oraisons et d'antiennes n° 16*
ou **sainte Maria Goretti,** *voir p. 52*

Antienne d'ouverture
Voici que le Seigneur vient m'aider,
Dieu, mon appui entre tous.
De grand cœur j'offrirai le sacrifice, je rendrai grâce à son nom,
car il est bon ! (Ps 53, 6. 8)

Prière
Sois favorable à tes fidèles, Seigneur, et multiplie les dons de ta grâce : entretiens en eux la foi, l'espérance et la charité, pour qu'ils soient attentifs à garder tes commandements. Par Jésus Christ… — *Amen.*

Lecture

du livre de la Genèse (32, 23-32)

« Ton nom sera Israël parce que tu as lutté avec Dieu, et tu l'as emporté »

Cette nuit-là, Jacob se leva, il prit ses deux femmes, ses deux servantes, ses onze enfants, et passa le gué du Yabboq. Il leur fit passer le torrent et fit aussi passer ce qui lui appartenait. Jacob resta seul. Or, quelqu'un lutta avec lui jusqu'au lever de l'aurore. L'homme, voyant qu'il ne pouvait rien contre lui, le frappa au creux de la hanche, et la hanche de Jacob se démit pendant ce combat. L'homme dit : « Lâche-moi, car l'aurore s'est levée. »

MARDI 6 JUILLET 2021

Jacob répondit : « Je ne te lâcherai que si tu me bénis.* » L'homme demanda : « Quel est ton nom ? » Il répondit : « Jacob. » Il reprit : « Ton nom ne sera plus Jacob, mais Israël (c'est-à-dire : Dieu lutte), parce que tu as lutté avec Dieu et avec des hommes, et tu l'as emporté. » Jacob demanda : « Fais-moi connaître ton nom, je t'en prie. » Mais il répondit : « Pourquoi me demandes-tu mon nom ? » Et là il le bénit. Jacob appela ce lieu Penouël (c'est-à-dire : Face de Dieu), car, disait-il, « j'ai vu Dieu face à face, et j'ai eu la vie sauve ». Au lever du soleil, il passa le torrent à Penouël. Il resta boiteux de la hanche.

– Parole du Seigneur.

Psaume 16 (17)

℟ *Seigneur, par ta justice, je verrai ta face.*

Seigneur, écoute la justice !
Entends ma plainte,
accueille ma prière :
mes lèvres ne mentent pas. ℟

De ta face, me viendra la sentence :
tes yeux verront où est le droit.
Tu sondes mon cœur, tu me visites la nuit,
tu m'éprouves, sans rien trouver. ℟

Je t'appelle, toi, le Dieu qui répond :
écoute-moi, entends ce que je dis.
Montre les merveilles de ta grâce,
toi qui libères de l'agresseur
    ceux qui se réfugient sous ta droite. ℟

Garde-moi comme la prunelle de l'œil ;
à l'ombre de tes ailes, cache-moi.
Et moi, par ta justice, je verrai ta face :
au réveil, je me rassasierai de ton visage. ℟

MARDI 6 JUILLET 2021

Acclamation de l'Évangile
Alléluia. Alléluia. Moi, je suis le bon pasteur, dit le Seigneur ; je connais mes brebis et mes brebis me connaissent. **Alléluia.**

Évangile de Jésus Christ
selon saint Matthieu (9, 32-38)

« La moisson est abondante, mais les ouvriers sont peu nombreux »

En ce temps-là, voici qu'on présenta à Jésus un possédé qui était sourd-muet. Lorsque le démon eut été expulsé, le sourd-muet se mit à parler. Les foules furent dans l'admiration, et elles disaient : « Jamais rien de pareil ne s'est vu en Israël ! » Mais les pharisiens disaient : « C'est par le chef des démons qu'il expulse les démons. » Jésus parcourait toutes les villes et tous les villages, enseignant dans leurs synagogues, proclamant l'Évangile du Royaume et guérissant toute maladie et toute infirmité. Voyant les foules, Jésus fut saisi de compassion envers elles parce qu'elles étaient désemparées et abattues comme des brebis sans berger. Il dit alors à ses disciples : « La moisson est abondante, mais les ouvriers sont peu nombreux. Priez donc le maître de la moisson d'envoyer des ouvriers pour sa moisson. »

Prière sur les offrandes
Dans l'unique et parfait sacrifice de la croix, tu as porté à leur achèvement, Seigneur, les sacrifices de l'ancienne loi ; reçois cette offrande des mains de tes fidèles et daigne la sanctifier comme tu as béni les présents d'Abel : que les dons offerts par chacun pour te glorifier servent au salut de tous. Par Jésus... — **Amen.**

MARDI 6 JUILLET 2021

Antienne de la communion
Le Seigneur a mis le comble à son amour en nous laissant le mémorial de ses merveilles ; à ses amis, il a donné le signe d'un repas qui leur rappelle à jamais son alliance.
(cf. Ps 110, 4-5)

OU

« Voici que je me tiens à la porte et je frappe, dit le Seigneur ; si quelqu'un entend ma voix, s'il m'ouvre, j'entrerai chez lui, je prendrai mon repas avec lui, et lui avec moi. »
(Ap 3, 20)

Prière après la communion
Dieu très bon, reste auprès de ton peuple, car sans toi notre vie tombe en ruine ; fais passer à une vie nouvelle ceux que tu as initiés aux sacrements de ton Royaume. Par Jésus…
— **Amen.**

INVITATION

Je pourrais faire un don à une œuvre qui « envoie des ouvriers pour la moisson », comme mon diocèse ou les Missions étrangères de Paris, par exemple.

MARDI 6 JUILLET 2021

COMMENTAIRE

Un regard de tendresse — Matthieu 9, 32-38

Face aux foules « désemparées et abattues », Jésus est saisi aux entrailles. Qui mieux que lui peut mesurer le désarroi de ces pauvres assoiffés de guérison et de sens. Aujourd'hui, le Bon Pasteur continue à poser sur chacune de ses créatures un regard de tendresse. Croiser son regard nous oblige à enfiler le tablier du serviteur, là où nous sommes, pour soulager la misère de nos frères et sœurs en humanité. Une prière « en urgence d'incarnation » ! ∎

Sœur Bénédicte de la Croix, cistercienne

✲ CLÉ DE LECTURE

« Si tu me bénis » — Genèse 32, 27 (p. 48)

Un étrange combat où Jacob tente d'obtenir par la force la bénédiction de celui dont il ne sait pas même le nom. On y a lu avec raison une figure du combat spirituel. La foi n'y est pas une promesse de sérénité, l'assurance d'une tranquillité d'esprit, pas plus qu'un baume qui apaise le cœur. Elle prend plutôt l'allure d'un combat intérieur. Nous ne savons pas le nom de celui en qui nous croyons, nous ne pouvons ni le définir ni mettre la main sur lui. Dieu nous échappe, et il nous faut l'empoigner et nous battre pour chercher, dans la nuit et les traversées difficiles de notre existence, le visage qu'espère notre foi. Il n'est qu'une voie : la demande de la bénédiction et l'acceptation de la blessure qui nous pousse sans cesse à reprendre le combat. ∎

Roselyne Dupont-Roc, bibliste

MARDI 6 JUILLET 2021

Sainte Maria Goretti

Couleur liturgique : rouge

1890-1902. Poignardée par un voisin qui essayait d'abuser d'elle, cette jeune Italienne de 12 ans lui pardonna avant de mourir. Elle fut canonisée en 1950.

Antienne d'ouverture
Vigilante et fidèle, sainte Maria Goretti a gardé sa lampe allumée pour sortir à la rencontre du Christ.

Prière
Seigneur, tu es la source de l'innocence, tu aimes la pureté, et tu as accordé la grâce du martyre à la jeune Maria Goretti ; donne-nous, par son intercession, le courage de garder tes commandements comme tu lui donnes la récompense pour avoir défendu sa virginité jusqu'à la mort. Par Jésus Christ… — *Amen.*

Prière sur les offrandes
En reconnaissant les merveilles que tu as accomplies, Seigneur, dans l'âme de sainte Maria Goretti, nous te supplions humblement : toi qui aimais sa vie tout imprégnée de l'Évangile, accepte l'hommage de notre liturgie. Par Jésus… — *Amen.*

Antienne de la communion
Voici l'Époux qui vient !
Allez à la rencontre du Christ, le Seigneur !
(cf. Mt 25, 6)

Prière après la communion
Par cette nourriture que tu nous as donnée, Seigneur, nous avons renouvelé nos forces ; et nous te supplions encore, afin qu'à l'exemple de sainte Maria Goretti, portant dans notre corps la passion de Jésus, nous cherchions à ne vivre que pour toi. Par Jésus… — *Amen.*

MERCREDI 7 JUILLET 2021

14ᴱ SEMAINE DU TEMPS ORDINAIRE COULEUR LITURGIQUE : VERT

Temps ordinaire, *suggestion d'oraisons et d'antiennes n° 17*

Antienne d'ouverture
**Adorons Dieu dans sa sainte demeure ;
il fait habiter les siens tous ensemble dans sa maison ;
c'est lui qui donne force et puissance à son peuple.**
(Ps 67, 6-7. 36)

Prière
Tu protèges, Seigneur, ceux qui comptent sur toi ; sans toi rien n'est fort et rien n'est saint : multiplie pour nous tes gestes de miséricorde afin que, sous ta conduite, en faisant un bon usage des biens qui passent, nous puissions déjà nous attacher à ceux qui demeurent. Par Jésus Christ… — **Amen.**

Lecture
du livre de la Genèse (41, 55-57 ; 42, 5-7a. 17-24a)

> « *Nous sommes coupables envers Joseph notre frère.
> C'est pourquoi nous sommes dans une telle détresse* »

En ces jours-là, tout le pays d'Égypte souffrit de la faim, et le peuple, à grands cris, réclama du pain à Pharaon. Mais Pharaon dit à tous les Égyptiens : « Allez trouver Joseph, et faites ce qu'il vous dira. » La famine s'étendait à tout le pays. Alors Joseph ouvrit toutes les réserves

MERCREDI 7 JUILLET 2021

et vendit du blé aux Égyptiens, tandis que la famine s'aggravait encore dans le pays. De partout on vint en Égypte pour acheter du blé à Joseph, car la famine s'aggravait partout. Les fils d'Israël, c'est-à-dire de Jacob, parmi beaucoup d'autres gens, vinrent donc pour acheter du blé, car la famine sévissait au pays de Canaan. C'était Joseph qui organisait la vente du blé pour tout le peuple du pays, car il avait pleins pouvoirs dans le pays.

En arrivant, les frères de Joseph se prosternèrent devant lui, face contre terre. Dès qu'il les vit, il les reconnut, mais il se comporta comme un étranger à leur égard et il leur parla avec dureté. Il les retint au poste de garde pendant trois jours. Le troisième jour, il leur dit : « Faites ce que je vais vous dire, et vous resterez en vie, car je crains Dieu. Si vous êtes de bonne foi, que l'un d'entre vous reste prisonnier au poste de garde. Vous autres, partez en emportant ce qu'il faut de blé pour éviter la famine à votre clan. Puis vous m'amènerez votre plus jeune frère : ainsi vos paroles seront vérifiées, et vous ne serez pas mis à mort. » Ils acceptèrent, et ils se disaient l'un à l'autre : « Hélas ! nous sommes coupables envers Joseph notre frère : nous avons vu dans quelle détresse il se trouvait quand il nous suppliait, et nous ne l'avons pas écouté. C'est pourquoi nous sommes maintenant dans une telle détresse. » Roubène, alors, prit la parole : « Je vous l'avais bien dit : "Ne commettez pas ce crime contre notre jeune frère !" Mais vous ne m'avez pas écouté, et maintenant il faut répondre de son sang. » Comme il y avait un interprète, ils ne se rendaient pas compte que Joseph les comprenait. Alors Joseph se retira pour pleurer. – Parole du Seigneur.

MERCREDI 7 JUILLET 2021

Psaume 32 (33)

℟ *Que ton amour, Seigneur, soit sur nous comme notre espoir est en toi !*

Rendez grâce au Seigneur sur la cithare,
jouez pour lui sur la harpe à dix cordes.
Chantez-lui le cantique nouveau,
de tout votre art soutenez l'ovation. ℟

Le Seigneur a déjoué les plans des nations,
anéanti les projets des peuples.

Le plan du Seigneur demeure pour toujours,
les projets de son cœur
    subsistent d'âge en âge. ℟

Dieu veille sur ceux qui le craignent,
qui mettent leur espoir en son amour,
pour les délivrer de la mort,
les garder en vie aux jours de famine. ℟

Acclamation de l'Évangile

Alléluia. Alléluia. Le règne de Dieu est tout proche. Convertissez-vous et croyez à l'Évangile. **Alléluia.**

Évangile de Jésus Christ

selon saint Matthieu (10, 1-7)

« Allez plutôt vers les brebis perdues de la maison d'Israël »

En ce temps-là, Jésus appela ses douze disciples et leur donna le pouvoir d'expulser les esprits impurs et de guérir toute maladie et toute infirmité. Voici les noms des douze Apôtres : le premier, Simon, nommé Pierre ; André son frère ; Jacques, fils de Zébédée, et Jean son frère ; Philippe et Barthélemy ; Thomas et Matthieu le publicain ; Jacques, fils d'Alphée, et Thaddée ; Simon le Zélote et Judas l'Iscariote, celui-là

MERCREDI 7 JUILLET 2021

même qui le livra. Ces douze, Jésus les envoya en mission avec les instructions suivantes : « Ne prenez pas le chemin qui mène vers les nations païennes et n'entrez dans aucune ville des Samaritains. Allez plutôt vers les brebis perdues de la maison d'Israël*. Sur votre route, proclamez que le royaume des Cieux est tout proche. »

Prière sur les offrandes
Accepte, Seigneur, ces offrandes prélevées pour toi sur tes propres largesses ; que ces mystères très saints, où ta grâce opère avec puissance, sanctifient notre vie de tous les jours et nous conduisent aux joies éternelles. Par Jésus... — **Amen.**

Antienne de la communion
Bénis le Seigneur, ô mon âme, n'oublie aucun de ses bienfaits.
(Ps 102, 2)
OU Heureux les miséricordieux :
ils obtiendront miséricorde ! Heureux les cœurs purs : ils verront Dieu !
(Mt 5, 7-8)

Prière après la communion
Nous avons communié, Seigneur, à ce sacrement, mémorial de la passion de ton Fils ; fais servir à notre salut le don que lui-même nous a légué dans son immense amour. Lui qui...
— **Amen.**

INVITATION

Je peux prier le chapelet de Lourdes en le regardant en direct à 15 h 30 sur le site du sanctuaire ou sur RCF, avec une intention particulière pour les familles.

MERCREDI 7 JUILLET 2021

COMMENTAIRE

« Chante pour ton Dieu »

Psaume 32 (33)

Profitons de cette période estivale pour cultiver émerveillement et gratitude. Le psalmiste nous invite à entonner « un cantique nouveau ». Pourquoi cette explosion de joie accompagnée de chants et de musique ? Tout simplement parce que « Dieu veille » et qu'il désire « nous délivrer de la mort ». Oui, la foi nous ouvre un horizon inimaginable : nous sommes promis à la vie éternelle, une vie augmentée des trois personnes divines. À méditer. ■

Sœur Bénédicte de la Croix, cistercienne

✵ CLÉ DE LECTURE

« De la maison d'Israël »

Matthieu 10, 6 *(p. 56)*

Le premier envoi en mission des Douze reste confiné aux limites du monde juif. Jésus le redira fermement à la femme cananéenne (Mt 15, 24). Pour lui, il y avait urgence : dans les premiers temps de sa vie publique, il annonçait la venue imminente du règne de Dieu et voulait y préparer tous ceux qui se reconnaissaient dans la tradition d'Israël, en les appelant à la conversion. Mais Matthieu prend soin d'encadrer son évangile de deux autres affirmations qui font contrepoint : la venue des mages d'Orient pour adorer l'enfant, l'ordre du Ressuscité d'enseigner et de baptiser toutes les nations païennes. Dans la communauté, les chrétiens venus du judaïsme et ceux qui viennent du paganisme doivent vivre en bonne entente, chacun selon sa sensibilité. ■

Roselyne Dupont-Roc, bibliste

JEUDI 8 JUILLET 2021

14ᵉ SEMAINE DU TEMPS ORDINAIRE COULEUR LITURGIQUE : VERT

Temps ordinaire, *suggestion d'oraisons et d'antiennes n° 18*

Antienne d'ouverture
Viens me délivrer, Seigneur, Dieu, viens vite à mon secours : tu es mon aide et mon libérateur, Seigneur, ne tarde pas. (Ps 69, 2. 6)

Prière
Assiste tes enfants, Seigneur, et montre à ceux qui t'implorent ton inépuisable bonté ; c'est leur fierté de t'avoir pour Créateur et Providence : restaure pour eux ta création, et l'ayant renouvelée, protège-la. Par Jésus Christ… — ***Amen.***

Lecture

du livre de la Genèse (44, 18-21. 23b-29 ; 45, 1-5)

« C'est pour vous conserver la vie que Dieu m'a envoyé en Égypte »

En ces jours-là, Juda et ses frères, les fils de Jacob, avaient été ramenés devant Joseph. Juda s'approcha de lui et dit : « De grâce, mon seigneur, permets que ton serviteur t'adresse une parole sans que la colère de mon seigneur s'enflamme contre ton serviteur, car tu es aussi grand que Pharaon ! Mon seigneur avait demandé à ses serviteurs : "Avez-vous encore votre père ou un autre frère ?" Et nous avons répondu à mon seigneur : "Nous avons encore notre vieux père et un petit frère, l'enfant qu'il a eu dans sa vieillesse ; celui-ci avait un frère qui est mort, il reste donc le seul enfant de sa

mère, et notre père l'aime !" Alors tu as dit à tes serviteurs : "Amenez-le-moi : je veux m'occuper de lui. Si votre plus jeune frère ne revient pas avec vous, vous ne serez plus admis en ma présence." Donc, lorsque nous sommes retournés auprès de notre père, ton serviteur, nous lui avons rapporté les paroles de mon seigneur. Et, lorsque notre père a dit : "Repartez pour nous acheter un peu de nourriture", nous lui avons répondu : "Nous ne pourrons pas repartir si notre plus jeune frère n'est pas avec nous, car nous ne pourrons pas être admis en présence de cet homme si notre plus jeune frère n'est pas avec nous." Alors notre père, ton serviteur, nous a dit : "Vous savez bien que ma femme Rachel ne m'a donné que deux fils. Le premier a disparu. Sûrement, une bête féroce l'aura mis en pièces, et je ne l'ai jamais revu. Si vous emmenez encore celui-ci loin de moi et qu'il lui arrive malheur, vous ferez descendre misérablement mes cheveux blancs au séjour des morts." » Joseph ne put se contenir devant tous les gens de sa suite, et il s'écria : « Faites sortir tout le monde. » Quand il n'y eut plus personne auprès de lui, il se fit reconnaître de ses frères. Il pleura si fort que les Égyptiens l'entendirent, et même la maison de Pharaon. Il dit à ses frères : « Je suis Joseph ! Est-ce que mon père vit encore ? » Mais ses frères étaient incapables de lui répondre, tant ils étaient bouleversés de se trouver en face de lui. Alors Joseph dit à ses frères : « Approchez-vous de moi. » Ils s'approchèrent, et il leur dit : « Je suis Joseph, votre frère, que vous avez vendu pour qu'il soit emmené en Égypte. Mais maintenant ne vous affligez pas, et ne soyez pas tourmentés de m'avoir vendu, car c'est pour vous conserver la vie que Dieu m'a envoyé ici avant vous. »
– Parole du Seigneur.

4 - 10

JEUDI 8 JUILLET 2021

Psaume 104 (105)

℟ *Souvenez-vous des merveilles que le Seigneur a faites.*
OU *Alléluia !*

Dieu appela sur le pays la famine,
le privant de toute ressource.
Mais devant eux il envoya un homme,
Joseph, qui fut vendu comme esclave. ℟

On lui met aux pieds des entraves,
on lui passe des fers au cou ;
il souffrait pour la parole du Seigneur,
jusqu'au jour où s'accomplit sa prédiction. ℟

Le roi ordonne qu'il soit relâché,
le maître des peuples, qu'il soit libéré.
Il fait de lui le chef de sa maison,
le maître de tous ses biens. ℟

Acclamation de l'Évangile

Alléluia. Alléluia. Le règne de Dieu est tout proche. Convertissez-vous et croyez à l'Évangile. *Alléluia.*

Évangile de Jésus Christ
selon saint Matthieu (10, 7-15)

« Vous avez reçu gratuitement : donnez gratuitement »

En ce temps-là, Jésus disait à ses Apôtres : « Sur votre route, proclamez que le royaume des Cieux est tout proche. Guérissez les malades, ressuscitez les morts, purifiez les lépreux, expulsez les démons. Vous avez reçu gratuitement : donnez gratuitement. Ne vous procurez ni or, ni argent, ni monnaie de cuivre à mettre dans vos ceintures, ni sac pour la route, ni tunique de rechange, ni sandales, ni bâton. L'ouvrier, en effet, mérite sa nourriture. Dans chaque ville ou village où vous entrerez, informez-vous pour savoir qui est digne de vous accueillir, et restez là jusqu'à votre départ. En entrant dans la maison, saluez ceux qui l'habitent. Si cette maison en est digne, que votre paix vienne sur elle. Si elle n'en est pas digne, que votre paix retourne vers vous. Si l'on ne vous accueille pas et si l'on n'écoute pas vos paroles, sortez de cette maison ou de cette ville, et secouez la poussière de vos pieds. Amen, je vous le dis : au jour du Jugement, le pays de Sodome et de Gomorrhe sera traité moins sévèrement que cette ville. »

Prière sur les offrandes
Dans ta bonté, Seigneur, sanctifie ces dons ; accepte le sacrifice spirituel de cette eucharistie, et fais de nous-mêmes une éternelle offrande à ta gloire. Par Jésus…
— **Amen.**

Antienne de la communion
« Je suis le pain de la vie, dit le Seigneur, celui qui vient à moi n'aura plus jamais faim, celui qui croit en moi n'aura plus jamais soif. »
(Jn 6, 35)

OU
Tu nous donnes, Seigneur, la vraie manne, ce pain venu du ciel qui comble tous les désirs.
(Sg 16, 20)

JEUDI 8 JUILLET 2021

Prière après la communion
Seigneur, entoure d'une constante protection ceux que tu as renouvelés par le pain du ciel ; puisque tu ne cesses de les réconforter, rends-les dignes de l'éternel salut. Par Jésus… — ***Amen.***

INVITATION

Y a-t-il quelque chose que je puisse « donner gratuitement », comme Jésus nous y invite dans l'évangile ?

COMMENTAIRE

Flots de vie Genèse 44, 18-21. 23b-29 ; 45, 1-5

Joseph est cet homme capable de « donner gratuitement ». Face à ses frères qui ont cherché à le supprimer, sa générosité se traduit en « par-don ». De son cœur transpercé par la miséricorde de Dieu, jaillit un fleuve de vie qui emporte sur son passage amertume et soif de vengeance. Alors ne subsiste plus que les eaux limpides de l'amour fraternel. Joseph, une figure christique, un témoin du travail de l'Esprit. ■

Sœur Bénédicte de la Croix, cistercienne

VENDREDI 9 JUILLET 2021

14ᴱ SEMAINE DU TEMPS ORDINAIRE COULEUR LITURGIQUE : VERT

Temps ordinaire, *suggestion d'oraisons et d'antiennes n° 19*
ou **saint Augustin Zhao Rong et ses compagnons,** *voir p. 68*

Antienne d'ouverture
**Souviens-toi, Seigneur, de ton alliance,
n'oublie pas plus longtemps les pauvres de ton peuple :
lève-toi, Seigneur, défends ta cause,
n'oublie pas le cri de ceux qui te cherchent.** (Ps 73, 20. 19. 22. 23)

Prière
Dieu éternel et tout-puissant, toi que nous pouvons déjà appeler notre Père, fais grandir en nos cœurs l'esprit filial, afin que nous soyons capables d'entrer un jour dans l'héritage qui nous est promis. Par Jésus Christ… — **Amen.**

Lecture
du livre de la Genèse (46, 1-7. 28-30)

« Maintenant que j'ai revu ton visage, je peux mourir »

En ces jours-là, Israël, c'est-à-dire Jacob, se mit en route pour l'Égypte avec tout ce qui lui appartenait. Arrivé à Bershéba, il offrit des sacrifices au Dieu de son père Isaac, et Dieu parla à Israël dans une vision nocturne. Il dit : « Jacob ! Jacob ! » Il répondit : « Me voici. » Dieu reprit : « Je suis Dieu, le Dieu de ton père. Ne crains pas de descendre en Égypte, car là-bas je ferai de toi une grande nation. Moi, je descendrai avec toi en

VENDREDI 9 JUILLET 2021

Égypte. Moi-même, je t'en ferai aussi remonter, et Joseph te fermera les yeux de sa propre main. » Jacob partit de Bershéba. Ses fils l'installèrent, avec leurs jeunes enfants et leurs femmes, sur les chariots que Pharaon avait envoyés pour le transporter. Ils prirent aussi leurs troupeaux et les biens qu'ils avaient acquis au pays de Canaan. Jacob arriva en Égypte avec toute sa descendance. Ainsi donc, ses fils et ses petits-fils, ses filles et ses petites-filles, bref toute sa descendance, il les emmena avec lui en Égypte. Jacob avait envoyé Juda en avant vers Joseph, pour préparer son arrivée dans le pays de Goshèn. Quand ils furent arrivés dans le pays de Goshèn, Joseph fit atteler son char et monta à la rencontre de son père Israël. Dès qu'il le vit, il se jeta à son cou et pleura longuement dans ses bras. Israël dit à Joseph : « Maintenant que j'ai revu ton visage, je peux mourir, puisque tu es encore vivant ! » – Parole du Seigneur.

Psaume 36 (37)

℟ *Le salut des justes vient du Seigneur.*

Fais confiance au Seigneur, agis bien,
habite la terre et reste fidèle ;
mets ta joie dans le Seigneur :
il comblera les désirs de ton cœur. ℟

Il connaît les jours de l'homme intègre
qui recevra un héritage impérissable.

Pas de honte pour lui aux mauvais jours ;
aux temps de famine, il sera rassasié. ℟

Évite le mal, fais ce qui est bien,
et tu auras une habitation pour toujours,
car le Seigneur aime le bon droit,
il n'abandonne pas ses amis. ℟

VENDREDI 9 JUILLET 2021

Le Seigneur est le salut pour les justes,
  leur abri au temps de la détresse.
Le Seigneur les aide et les délivre ;
il les délivre de l'impie, il les sauve,
car ils cherchent en lui leur refuge. ℟

Acclamation de l'Évangile
Alléluia. Alléluia. Quand il viendra, lui, l'Esprit de vérité, il vous conduira dans la vérité tout entière et il vous fera souvenir de tout ce que je vous ai dit. ***Alléluia.***

Évangile de Jésus Christ
selon saint Matthieu (10, 16-23)

« Ce n'est pas vous qui parlerez, c'est l'Esprit de votre Père »

En ce temps-là, Jésus disait à ses Apôtres : « Voici que moi, je vous envoie comme des brebis au milieu des loups. Soyez donc prudents comme les serpents, et candides comme les colombes. Méfiez-vous des hommes : ils vous livreront aux tribunaux et vous flagelleront dans leurs synagogues. Vous serez conduits devant des gouverneurs et des rois à cause de moi : il y aura là un témoignage pour eux et pour les païens. Quand on vous livrera, ne vous inquiétez pas de savoir ce que vous direz ni comment vous le direz : ce que vous aurez à dire vous sera donné à cette heure-là. Car ce n'est pas vous qui parlerez, c'est l'Esprit de votre Père* qui parlera en vous. Le frère livrera son frère à la mort, et le père, son enfant ; les enfants se dresseront contre leurs parents et les feront mettre à mort. Vous serez détestés de tous à cause de mon nom ; mais celui qui aura persévéré jusqu'à la fin, celui-là

VENDREDI 9 JUILLET 2021

sera sauvé. Quand on vous persécutera dans une ville, fuyez dans une autre. Amen, je vous le dis : vous n'aurez pas fini de passer dans toutes les villes d'Israël quand le Fils de l'homme viendra. »

Prière sur les offrandes
Seigneur, tu as donné ces présents à ton Église pour qu'elle puisse te les offrir ; daigne les accueillir favorablement : qu'ils deviennent, par ta puissance, le sacrement de notre salut. Par Jésus... — **Amen.**

Antienne de la communion
Glorifie le Seigneur, Jérusalem :
il te nourrit de la fleur du froment.
(Ps 147, 12. 14)
OU
« Le pain que je donnerai,
dit le Seigneur, c'est ma chair,
pour la vie du monde. » (Jn 6, 51)

Prière après la communion
Que cette communion à ton sacrement, Seigneur, soit notre délivrance et nous enracine dans ta vérité. Par Jésus... — **Amen.**

INVITATION

En lisant le journal du jour, je choisis un sujet d'actualité que je confie particulièrement dans ma prière.

VENDREDI 9 JUILLET 2021

COMMENTAIRE

Encouragements et confiance — Matthieu 10, 16-23

Même « prudents comme des serpents et candides comme des colombes », les disciples de Jésus sont aux prises avec de graves difficultés. Celles inhérentes à l'existence humaine, auxquelles s'ajoutent les épreuves engendrées par leur posture de croyant. Le Maître encourage les siens à ne pas s'inquiéter. Il a mis sa confiance dans l'Esprit du Père, celui-là même qui l'a relevé de la mort. À nous de le suivre jusque-là. Un saut dans la foi. ■

Sœur Bénédicte de la Croix, cistercienne

✻ CLÉ DE LECTURE

« L'Esprit de votre Père » — Matthieu 10, 20 *(p. 65)*

Dans les épreuves qui attendent les disciples en mission, Matthieu décrit, en la dramatisant, une situation bien ultérieure à l'époque de la vie de Jésus. Dans les années 70-80, la tension s'est accrue entre les juifs convertis à la foi chrétienne et les autres. Chassés de Jérusalem, les juifs resserrent les rangs, les chrétiens leur apparaissent comme des apostats et des traîtres. Mais tenir bon sans violence sous les accusations devient témoignage, à la face non seulement des juifs mais de tous les peuples environnants, du fait qu'à travers ces épreuves, l'Esprit de Dieu soutient ceux qui attendent la venue du Fils dans la gloire. Une conviction profonde les anime : Dieu est Père et n'abandonne pas ceux qui s'en remettent à lui. ■

Roselyne Dupont-Roc, bibliste

VENDREDI 9 JUILLET 2021

Saint Augustin Zhao Rong et ses compagnons Couleur liturgique : rouge

Premier prêtre chinois martyrisé. Il fait partie des cent vingt martyrs, canonisés en 2000, qui donnèrent leur vie pour le Christ, en Chine, du XVIIe au XXe siècles.

Antienne d'ouverture
Ils se réjouissent dans les cieux, les saints qui ont suivi les traces du Christ ; et parce qu'ils ont répandu leur sang pour son amour, ils sont dans l'allégresse avec lui pour l'éternité.

Prière
Seigneur Dieu, tu as fortifié ton Église de façon admirable par la confession de foi des martyrs de Chine, saint Augustin et ses compagnons ; accorde à ton peuple, fidèle à sa mission, d'être de plus en plus libre pour témoigner de la vérité à la face du monde. Par Jésus Christ… — *Amen.*

Prière sur les offrandes
En te présentant, Seigneur, ce sacrifice pour fêter la mémoire de tes martyrs Augustin Zhao Rong et ses compagnons, nous t'adressons notre prière : tu leur as donné la lumière de la foi, accorde-nous ton pardon et la paix. Par Jésus… — *Amen.*

Antienne de la communion
Ni la mort, ni la vie, ni aucune créature ne pourra nous séparer de l'amour du Christ.
(cf. Rm 8, 38-39)

Prière après la communion
Nourris du vrai pain du ciel, et rassemblés en un seul corps dans le Christ, nous te prions, Seigneur notre Dieu : accorde-nous de n'être jamais séparés de son amour, mais de surmonter toutes nos épreuves, à l'exemple des saints martyrs Augustin Zhao Rong et ses compagnons, en aimant celui qui nous a aimés. Lui qui… — *Amen.*

SAMEDI 10 JUILLET 2021

14ᵉ SEMAINE DU TEMPS ORDINAIRE COULEUR LITURGIQUE : VERT

Temps ordinaire, *suggestion d'oraisons et d'antiennes n° 20*
ou *bienheureuse Vierge Marie, voir p. 74*

Antienne d'ouverture

Dieu, notre bouclier, regarde : vois le visage de ton Christ. Un jour passé dans ta maison en vaut pour moi plus que mille. (Ps 83, 10-11)

Prière

Pour ceux qui t'aiment, Seigneur, tu as préparé des biens que l'œil ne peut voir : répands en nos cœurs la ferveur de ta charité, afin que t'aimant en toute chose et par-dessus tout, nous obtenions de toi l'héritage promis qui surpasse tout désir. Par Jésus Christ… — **Amen.**

Lecture

du livre de la Genèse (49, 29-33 ; 50, 15-26a)

« Dieu vous visitera et vous fera remonter de ce pays »

En ces jours-là, Jacob donna cet ordre à ses fils : « Je vais être réuni aux miens. Enterrez-moi auprès de mes pères, dans la caverne qui est dans le champ d'Éphrone le Hittite, dans la caverne du champ de Macpéla, en face de Mambré, au pays de Canaan, le champ qu'Abraham a acheté à Éphrone le Hittite comme propriété funéraire. C'est là que furent enterrés Abraham et son épouse Sara ; c'est là que furent enterrés Isaac et son épouse Rébecca ; c'est là que j'ai enterré Léa. C'est le champ

SAMEDI 10 JUILLET 2021

qui fut acheté aux Hittites, avec la caverne qui s'y trouve. » Lorsque Jacob eut achevé de donner ses instructions à ses fils, il s'allongea sur son lit, il expira et fut réuni aux siens. Voyant que leur père était mort, les frères de Joseph se dirent : « Si jamais Joseph nous prenait en haine, s'il allait nous rendre tout le mal que nous lui avons fait… » Ils firent dire à Joseph : « Avant de mourir, ton père a exprimé cette volonté : "Vous demanderez ceci à Joseph : De grâce, pardonne à tes frères leur crime et leur péché. Oui, ils t'ont fait du mal, mais toi, maintenant, pardonne donc le crime des serviteurs du Dieu de ton père !" » En entendant ce message, Joseph pleura. Puis ses frères vinrent eux-mêmes se jeter à ses pieds et lui dire : « Voici que nous sommes tes esclaves. » Mais Joseph leur répondit : « Soyez sans crainte ! Vais-je prendre la place de Dieu ? Vous aviez voulu me faire du mal, Dieu a voulu le changer en bien, afin d'accomplir ce qui se réalise aujourd'hui : préserver la vie d'un peuple nombreux. Soyez donc sans crainte : moi, je prendrai soin de vous et de vos jeunes enfants. » Il les réconforta par des paroles qui leur allaient au cœur.

Joseph demeura en Égypte avec la famille de son père, et il vécut cent dix ans. Il vit les petits-enfants de son fils Éphraïm ; quant aux enfants de Makir, fils de Manassé son autre fils, il les reçut sur ses genoux à leur naissance. Joseph dit à ses frères : « Je vais mourir. Dieu vous visitera et vous fera remonter de ce pays dans le pays qu'il a fait serment de donner à Abraham, Isaac et Jacob. » Joseph fit prêter serment aux fils d'Israël, en disant : « Quand Dieu vous visitera, vous ferez monter d'ici mes ossements. » Et Joseph mourut à cent dix ans. – Parole du Seigneur.

SAMEDI 10 JUILLET 2021

Psaume 104 (105)

℟ *Cherchez Dieu, vous les humbles, et votre cœur vivra.*

Rendez grâce au Seigneur, proclamez son nom,
annoncez parmi les peuples ses hauts faits ;
chantez et jouez pour lui,
redites sans fin ses merveilles. ℟

Glorifiez-vous de son nom très saint :
joie pour les cœurs qui cherchent Dieu !

Cherchez le Seigneur et sa puissance,
recherchez sans trêve sa face. ℟

Vous, la race d'Abraham son serviteur,
les fils de Jacob, qu'il a choisis.
Le Seigneur, c'est lui notre Dieu :
ses jugements font loi pour l'univers. ℟

Acclamation de l'Évangile

Alléluia. Alléluia. Si l'on vous insulte pour le nom du Christ, heureux êtes-vous :
l'Esprit de Dieu repose sur vous. *Alléluia.*

Évangile de Jésus Christ

selon saint Matthieu (10, 24-33)

« Ne craignez pas ceux qui tuent le corps »

En ce temps-là, Jésus disait à ses Apôtres : « Le disciple n'est pas au-dessus de son maître, ni le serviteur au-dessus de son seigneur. Il suffit que le disciple soit comme son maître, et le serviteur, comme son seigneur. Si les gens ont traité de Béelzéboul le maître de maison, ce sera bien pire pour ceux de sa maison. Ne craignez donc pas ces gens-là ; rien n'est voilé qui ne sera dévoilé, rien n'est caché qui ne sera connu.

SAMEDI 10 JUILLET 2021

Ce que je vous dis dans les ténèbres, dites-le en pleine lumière ; ce que vous entendez au creux de l'oreille, proclamez-le sur les toits. Ne craignez pas ceux qui tuent le corps sans pouvoir tuer l'âme ; craignez plutôt celui qui peut faire périr dans la géhenne l'âme aussi bien que le corps. Deux moineaux ne sont-ils pas vendus pour un sou ? Or, pas un seul ne tombe à terre sans que votre Père le veuille. Quant à vous, même les cheveux de votre tête sont tous comptés. Soyez donc sans crainte : vous valez bien plus qu'une multitude de moineaux. Quiconque se déclarera pour moi devant les hommes, moi aussi je me déclarerai pour lui devant mon Père qui est aux cieux. Mais celui qui me reniera devant les hommes, moi aussi je le renierai devant mon Père qui est aux cieux. »

Prière sur les offrandes
Accepte, Seigneur notre Dieu, ce que nous présentons pour cette eucharistie où s'accomplit un admirable échange : en offrant ce que tu nous as donné, puissions-nous te recevoir toi-même. Par Jésus… — **Amen.**

Antienne de la communion
Auprès du Seigneur est la grâce, l'abondance du rachat.
(Ps 129, 7)
OU

« Je suis le pain vivant venu du ciel, dit le Seigneur ; si quelqu'un mange de ce pain, il vivra éternellement. »
(Jn 6, 51)

SAMEDI 10 JUILLET 2021

Prière après la communion
Par cette eucharistie, Seigneur, tu nous as unis davantage au Christ, et nous te supplions encore : accorde-nous de lui ressembler sur la terre et de partager sa gloire dans le ciel. Lui qui… — *Amen.*

INVITATION

Frère Pacifique, que nous fêtons aujourd'hui, a ainsi été nommé par François d'Assise car il était passé « de l'inquiétude du monde à la paix du Christ » (cf. p. 39). Quelle inquiétude de ma vie puis-je confier au Seigneur ?

COMMENTAIRE

Précieuse humanité   Matthieu 10, 24-33
La sollicitude de notre Père qui est aux cieux est sans limite. Nous avons du mal à la concevoir, hypnotisés que nous sommes par les images que déversent nos écrans et qui dressent un mur quasi infranchissable entre ce que nous voyons et le sens profond de l'existence humaine. « Ne craignez pas ceux qui tuent le corps sans pouvoir tuer l'âme. » Croyons-nous encore que nous sommes infiniment précieux aux yeux de Dieu, destinés à partager sa vie ? ■   *Sœur Bénédicte de la Croix, cistercienne*

SAMEDI 10 JUILLET 2021

Bienheureuse Vierge Marie

Couleur liturgique : blanc ou vert

Les samedis du temps ordinaire où il n'y a pas de mémoire obligatoire, on peut faire mémoire de la Vierge Marie, selon une tradition qui honore la foi et l'espérance sans défaut de Marie le Samedi saint.

Antienne d'ouverture
Bienheureuse es-tu, Vierge Marie :
tu as porté le Créateur de l'univers,
tu as mis au monde celui qui t'a faite,
et tu demeures toujours vierge.

Prière
Dieu plein de bonté, viens au secours de notre faiblesse : puisque nous faisons mémoire de la Vierge Marie, que son intercession nous aide à nous relever de nos fautes. Par Jésus Christ… — **Amen.**

OU

Que vienne à notre aide, Seigneur, la prière maternelle de la bienheureuse Vierge Marie : qu'elle nous obtienne la joie de vivre dans ta paix, délivrés de tous les périls. Par Jésus Christ… — **Amen.**

Prière sur les offrandes
En rendant hommage à la Mère de ton Fils, Seigneur, nous te supplions : que le sacrifice de cette eucharistie fasse de nous, dans ta bonté, une éternelle offrande à ta gloire. Par Jésus… — **Amen.**
Préface de la Vierge Marie, p. 222.

Antienne de la communion
« Le Puissant fit pour moi des merveilles ; Saint est son nom. » (Lc 1, 49)

Prière après la communion
Après avoir participé au sacrement qui nous libère, nous te prions, Seigneur : puisque nous célébrons la Mère de ton Fils, fais que nous soyons comblés de ta grâce et que nous éprouvions toujours davantage les effets de la Rédemption. Par Jésus… — **Amen.**

DIMANCHE 11 JUILLET 2021
15ᴇ DIMANCHE DU TEMPS ORDINAIRE
ANNÉE B COULEUR LITURGIQUE : VERT

« *Il commença à les envoyer en mission deux par deux.* » Marc 6, 7

Moi ? Est-ce bien moi ? Suis-je appelé, béni, comblé, envoyé ? L'inouï de Dieu se tient là : il fait fi de notre pauvreté et même de nos péchés. Le Père voit en chacun son enfant et en fait un témoin de son amour. Alors, ne nous dérobons pas derrière de fausses excuses. Célébrons les bontés du Seigneur. Nous pourrons les partager à tous nos frères.

DIMANCHE 11 JUILLET 2021

OUVERTURE DE LA CÉLÉBRATION

Chant d'entrée (Suggestions p. 241)
OU
Antienne d'ouverture
Je veux paraître devant toi, Seigneur,
et me rassasier de ta présence. (Ps 16, 15)

Suggestion de préparation pénitentielle (ou p. 215)
Appelés à la sainteté, nous sommes conscients de notre péché, mais le Seigneur pardonne nos fautes. Avec confiance, demandons-lui pardon.

Seigneur Jésus, Fils bien-aimé du Père, tu nous as obtenu la rédemption. Toi qui es miséricorde, prends pitié de nous.
— *Prends pitié de nous.*
Ô Christ, espérance des pauvres, tu es amour et vérité. Toi notre lumière, prends pitié de nous.
— *Prends pitié de nous.*
Seigneur, grâce parfaite, tu es notre salut, notre vie. Toi notre pasteur, prends pitié de nous.
— *Prends pitié de nous.*
Que Dieu tout-puissant nous fasse miséricorde ; qu'il nous pardonne nos péchés et nous conduise à la vie éternelle. — *Amen.*

DIMANCHE 11 JUILLET 2021

Gloire à Dieu (p. 216)

Prière
Dieu qui montres aux égarés la lumière de ta vérité pour qu'ils puissent reprendre le bon chemin, donne à tous ceux qui se déclarent chrétiens de rejeter ce qui est indigne de ce nom, et de rechercher ce qui lui fait honneur. Par Jésus Christ… — **Amen.**

LITURGIE DE LA PAROLE

Lecture du livre du prophète Amos (7, 12-15)
« Va, tu seras prophète pour mon peuple »

En ces jours-là, Amazias, prêtre de Béthel, dit au prophète Amos : « Toi, le voyant, va-t'en d'ici, fuis au pays de Juda ; c'est là-bas que tu pourras gagner ta vie en faisant ton métier de prophète. Mais ici, à Béthel, arrête de prophétiser ; car c'est un sanctuaire royal, un temple du royaume. » Amos répondit à Amazias : « Je n'étais pas prophète ni fils de prophète ; j'étais bouvier, et je soignais les sycomores. Mais le Seigneur m'a saisi quand j'étais derrière le troupeau, et c'est lui qui m'a dit : "Va, tu seras prophète pour mon peuple Israël." »
– Parole du Seigneur.

DIMANCHE 11 JUILLET 2021

Psaume 84 (85)
℟ **Fais-nous voir, Seigneur, ton amour, et donne-nous ton salut.**

T. : AELF ; M. : M. Wackenheim ; Éd. : ADF.

J'écoute : que dira le Seigneur Dieu ?
Ce qu'il dit, c'est la paix pour son peuple et ses fidèles.
Son salut est proche de ceux qui le craignent,
et la gloire habitera notre terre. ℟

Amour et vérité se rencontrent,
justice et paix s'embrassent ;
la vérité germera de la terre
et du ciel se penchera la justice. ℟

Retrouvez
ce psaume sur le CD
"Les psaumes
de l'année B"

DIMANCHE 11 JUILLET 2021

Le Seigneur donnera ses bienfaits,
et notre terre donnera son fruit.
La justice marchera devant lui,
et ses pas traceront le chemin. ℟

Lecture de la lettre de saint Paul apôtre aux Éphésiens (1, 3-14)
(Lecture brève : 1, 3-10)

« Il nous a choisis, dans le Christ, avant la fondation du monde »

Béni soit Dieu, le Père de notre Seigneur Jésus Christ ! Il nous a bénis et comblés des bénédictions de l'Esprit, au ciel, dans le Christ. Il nous a choisis, dans le Christ, avant la fondation du monde, pour que nous soyons saints, immaculés devant lui, dans l'amour. Il nous a prédestinés à être, pour lui, des fils adoptifs par Jésus, le Christ. Ainsi l'a voulu sa bonté, à la louange de gloire de sa grâce, la grâce qu'il nous donne dans le Fils bien-aimé. En lui, par son sang, nous avons la rédemption, le pardon de nos fautes. C'est la richesse de la grâce que Dieu a fait déborder jusqu'à nous en toute sagesse et intelligence. Il nous dévoile ainsi le mystère de sa volonté, selon que sa bonté l'avait prévu dans le Christ : pour mener les temps à leur plénitude, récapituler toutes choses dans le Christ, celles du ciel et celles de la terre.

Fin de la lecture brève

En lui, nous sommes devenus le domaine particulier de Dieu, nous y avons été prédestinés selon le projet de celui qui réalise tout ce

DIMANCHE 11 JUILLET 2021

qu'il a décidé : il a voulu que nous vivions à la louange de sa gloire, nous qui avons d'avance espéré dans le Christ. En lui, vous aussi, après avoir écouté la parole de vérité, l'Évangile de votre salut, et après y avoir cru, vous avez reçu la marque de l'Esprit Saint. Et l'Esprit promis par Dieu est une première avance sur notre héritage, en vue de la rédemption que nous obtiendrons, à la louange de sa gloire. – Parole du Seigneur.

Acclamation de l'Évangile
Alléluia. Alléluia. Que le Père de notre Seigneur Jésus Christ ouvre à sa lumière les yeux de notre cœur, pour que nous percevions l'espérance que donne son appel. ***Alléluia.***

L 31-34; M. : H. Schütz, domaine public; Psalmodie : M. Wackenheim, Bayard Liturgie.

DIMANCHE 11 JUILLET 2021

Évangile de Jésus Christ selon saint Marc (6, 7-13)
« Il commença à les envoyer »

En ce temps-là, Jésus appela les Douze ; alors il commença à les envoyer en mission deux par deux. Il leur donnait autorité sur les esprits impurs, et il leur prescrivit de ne rien prendre pour la route, mais seulement un bâton ; pas de pain, pas de sac, pas de pièces de monnaie dans leur ceinture. « Mettez des sandales, ne prenez pas de tunique de rechange. » Il leur disait encore : « Quand vous avez trouvé l'hospitalité dans une maison, restez-y jusqu'à votre départ. Si, dans une localité, on refuse de vous accueillir et de vous écouter, partez et secouez la poussière de vos pieds : ce sera pour eux un témoignage. »
Ils partirent, et proclamèrent qu'il fallait se convertir. Ils expulsaient beaucoup de démons, faisaient des onctions d'huile à de nombreux malades, et les guérissaient.

Homélie

Profession de foi (p. 217)

Suggestion de prière universelle
Le prêtre :
Fidèles à notre mission de baptisés, supplions notre Seigneur, Dieu et Père, source de vie et de paix.

DIMANCHE 11 JUILLET 2021

℟. *Dieu de tendresse, souviens-toi de nous.*

Y 55 SM.

Le diacre ou un lecteur :

Des prophètes alertent sur l'urgence climatique, sur le besoin de préserver la Création. Pour que leur message ne reste pas vain, Dieu Créateur, nous te prions. ℟

L'Église appelle et envoie en mission des prêtres et des laïcs. Pour que davantage de chrétiens répondent favorablement à ces appels, Dieu de bonté, nous te prions. ℟

Le monde a faim de justice. Pour que se lèvent des créateurs passionnés de dialogue et d'amitié. Avec le pape François, Dieu d'amour, nous te prions. ℟

L'été permet des moments de repos, de retraite spirituelle. Pour ceux qui cherchent leur vocation, qu'ils découvrent un avenir nouveau, Dieu notre Père, nous te prions. ℟

(Ces intentions seront modifiées ou adaptées selon les circonstances.)

Le prêtre :

Puisque tu combles tes enfants des bénédictions de l'Esprit, Seigneur notre Dieu, montre-leur ta miséricorde, toi qui règnes pour les siècles des siècles. — **Amen.**

DIMANCHE 11 JUILLET 2021

LITURGIE EUCHARISTIQUE

Prière sur les offrandes
Regarde, Seigneur, les dons de ton Église en prière : accorde à tes fidèles qui vont les recevoir la grâce d'une sainteté plus grande. Par Jésus… — **Amen.**

Prière eucharistique (Préface des dimanches, p. 221)

Chant de communion (Suggestions p. 241)
OU
Antienne de la communion
Heureux ceux qui approchent de ton autel, Seigneur ;
heureux les habitants de ta maison : ils peuvent toujours te louer, mon Roi, mon Dieu ! (cf. Ps 83, 5)
OU « Celui qui mange ma chair et boit mon sang, dit le Seigneur, demeure en moi, et moi en lui. » (Jn 6, 57)

Prière après la communion
Nourris de ton eucharistie, nous te supplions, Seigneur : chaque fois que nous célébrons ce mystère, fais grandir en nous ton œuvre de salut. Par Jésus… — **Amen.**

CONCLUSION DE LA CÉLÉBRATION

Bénédiction et envoi

DIMANCHE 11 JUILLET 2021

COMMENTAIRE DU DIMANCHE
Karem Bustica, rédactrice en chef de *Prions en Église*

La Règle de saint Benoît

Quel beau cadeau nous fait la liturgie de ce dimanche en la fête de saint Benoît ! Car la vocation du prophète Amos, le chant de louange de l'épître aux Éphésiens et le récit de l'appel des Douze résonnent tout particulièrement chez ceux et celles, moines et laïcs, qui vivent la Règle du saint reposant à Saint-Benoît-sur-Loire (45). Des hommes et des femmes saisis par Dieu et qui s'appliquent à « ne rien préférer à l'amour du Christ », ainsi que Benoît le formule dans son écrit, adopté comme norme de vie pour tous les monastères du monde chrétien occidental dès le IXe siècle.

Mais cette Règle n'a pas pris une ride. Bien qu'elle organise la vie concrète d'une communauté de moines ou de moniales, elle témoigne de l'expérience spirituelle avec laquelle le saint a

DIMANCHE 11 JUILLET 2021

lui-même adopté et éprouvé cette vie. Benoît a vécu et commenté cette Règle. Elle s'est imposée comme un chemin de conversion, une école du service du Seigneur, une ressource pour tous celles et ceux qui cherchent la vie et désirent le bonheur. Ni supérieure aux Écritures, ni concurrente aux enseignements de la tradition de l'Église, cette Règle mène les chercheurs de Dieu à la vie. C'est sans doute pourquoi elle est aussi essentielle et vivante, au point de traverser les âges et la diversité des vocations chrétiennes. Dieu appelle Amos, un bouvier qui soignait des sycomores, pour prophétiser. Jésus appelle les Douze et les envoie en mission deux par deux. Le Christ saisit saint Benoît et lui inspire la Règle... Les chemins sont multiples et les vocations fécondes. Avec eux, nous sommes tous appelés à placer le Christ au centre de notre vie.

À quoi Dieu m'appelle-t-il aujourd'hui ?

Comment raviver le désir de le mettre au centre de ma vie ? ■

DIMANCHE 11 JUILLET 2021

LIRE L'ÉVANGILE AVEC LES ENFANTS

CE QUE JE DÉCOUVRE

C'est les vacances ! Il faut faire les bagages et penser à tout... **On a toujours peur de manquer de quelque chose.** Mais quand Jésus envoie ses disciples annoncer la Bonne Nouvelle, il leur dit de prendre seulement un bâton. **Jésus veut qu'on lui fasse confiance :** nous n'avons rien à craindre, car il est toujours avec nous. Dans mes bagages, je n'emporte ni mes soucis, ni mes peurs. **J'emporte Jésus, et je ne manquerai de rien.**

CE QUE JE VIS

Jésus t'envoie, qu'est-ce que tu emportes ?
Et qu'est-ce que tu n'emportes surtout pas ?
En vacances, comme les Apôtres, essaie de te faire de nouveaux amis. Et remercie Jésus pour ces belles rencontres, pleines de promesses !

Texte : P. Cédric Kuntz. Illustrations : Marcelino Truong

DIMANCHE 11 JUILLET 2021

MÉDITATION BIBLIQUE
15ᴱ DIMANCHE DU TEMPS ORDINAIRE
Psaume 84 (85)

« J'écoute : que dira le Seigneur Dieu ? »

Le psaume 84 (85) a été choisi pour répondre à la première lecture de ce dimanche. Amos, en effet, rend compte de sa vocation prophétique qui est d'écouter Dieu et de transmettre sa parole de paix.

Le temps de la préparation

« Écoute Israël : le Seigneur notre Dieu est l'Unique » (Dt 6, 4).

Le temps de l'observation

Pour goûter le psaume, il est bon de le lire en entier. « Fais-nous voir, Seigneur, ton amour, et donne-nous ton salut. » Le psalmiste, au nom de la communauté d'Israël, demande à Dieu une confirmation, ici et maintenant, de son amour tel qu'il s'est révélé dans la Création et dans le retour des « déportés de Jacob ». Il sait que lui ne pourra revenir à Dieu sans le secours de ce dernier, sans qu'il fasse habiter sa gloire sur notre terre. C'est à cette demande que répond, après une introduction solennelle, l'oracle de salut retenu par la liturgie : « J'écoute : ...

DIMANCHE 11 JUILLET 2021

…que dira le Seigneur Dieu ? Ce qu'il dit […] » Toute parole de Dieu n'est-elle pas une parole de salut et de paix ? Et cela, même si elle passe par une vérité et un appel au réajustement ressentis parfois comme douloureux par le partenaire humain, toujours tenté de « revenir à ses folies » et oublieux de la joie d'être pleinement à Dieu.

Le temps de la méditation

En tant que chrétiens, ce psaume nous renvoie au Christ dont les Écritures nous disent qu'il est notre salut (cf. Mt 1, 21), notre paix (cf. Ep 2, 14), l'ultime parole de Dieu à notre humanité, celui dont nous avons vu la gloire (Jn 1, 14). N'est-ce pas par lui et en lui que nous pouvons célébrer la joie des retrouvailles avec le Père ? Saint Augustin et d'autres ont lu ce psaume à la lumière de l'incarnation. Pour Augustin, la vérité qui a germé de la terre « c'est le Christ né d'une femme, […] c'est le Fils né de la chair ». Un mystère à contempler pour que le Verbe s'incarne en nous. Ce qui nous rendra plus humains et capables de consentir à la vérité de notre être de créature en nous positionnant dans la justice/justesse face à Dieu et à nos semblables. Alors, comme les Douze, nous pourrons porter la Bonne Nouvelle de notre réconciliation avec Dieu et de la vie offerte en plénitude, sans perdre de vue cet objectif ultime : que « Dieu sera tout en tous » (cf. 1 Co 15, 28).

Le temps de la prière

« Fais-nous voir, Seigneur, ton amour, et donne-nous ton salut » Ps 84 (85), 8. ■

Sœur Emmanuelle Billoteau, ermite

DIMANCHE 11 JUILLET 2021

PARTAGE BIBLIQUE

 Environ 45 minutes

 Une Bible ou Prions en Église, page 77

VA, TU SERAS PROPHÈTE POUR MON PEUPLE (Am 7, 12-15)

Lire
Nous méditons ce passage qui nous montre comment Dieu appelle un simple bouvier pour être son prophète.

Comprendre le texte

Amazias est le prêtre de Béthel où se dresse l'un des veaux d'or que Jéroboam Ier a installés pour dissuader son peuple de se rendre au Temple de Jérusalem. Béthel peut donc être appelé « un sanctuaire royal, un temple du royaume ». Amazias considère Amos comme un meneur qui prêche la révolte contre le roi, Jéroboam II, en prédisant qu'il « périra par l'épée et qu'Israël sera déporté loin de sa terre ». Amos a seulement dit que « la maison de Jéroboam », c'est-à-dire sa dynastie, subira le châtiment de l'épée. Amazias engage alors Amos à déguerpir en l'invitant à exercer son métier de voyant au royaume de Juda où il pourra gagner son pain comme tant d'autres prophètes attachés au service des rois. ...

DIMANCHE 11 JUILLET 2021

PARTAGE BIBLIQUE (SUITE) *Va, tu seras prophète pour mon peuple (Am 7, 12-15)*

••• Amos réplique : « Je ne suis pas prophète [de métier], je [suis] bouvier, et je [soigne] les sycomores. » Et d'ajouter : « Le Seigneur m'a saisi […] et c'est lui qui m'a dit : "Va, [prophétise à] mon peuple Israël" » Amos décrit ainsi sa vocation comme un appel du Seigneur qui empoigne qui il veut pour la tâche de prophète : « Quand le Seigneur Dieu a parlé, qui refuserait d'être prophète ? » (Am 3, 8). Les prophètes auront souvent à affronter le clergé officiel au nom de la parole de Dieu.

Partager

- Quel rôle jouent les prophètes dans ma vie de croyant ?
- Quels sont ceux qui incarnent aujourd'hui ce rôle et pourquoi ?
- À quelle mission Dieu m'appelle-t-il ?
- Quelles résistances est-ce que j'oppose aux appels de Dieu dans ma vie et comment je tente de faire face ?

Prier

Nous prions particulièrement pour notre Église afin qu'elle reste tournée vers le service des plus humbles.
Nous chantons *Le vent des prophètes* (T135). ■

Père Sylvain Gasser, assomptionniste

LUNDI 12 JUILLET 2021

15ᵉ SEMAINE DU TEMPS ORDINAIRE COULEUR LITURGIQUE : VERT

Temps ordinaire, *suggestion d'oraisons et d'antiennes n° 21*

Antienne d'ouverture
Écoute, Seigneur, réponds-moi. Sauve, ô mon Dieu, ton serviteur qui compte sur toi. Prends pitié de moi, Seigneur, toi que j'appelle tout le jour. (Ps 85, 1-3)

Prière
Dieu qui peux mettre au cœur de tes fidèles un unique désir, donne à ton peuple d'aimer ce que tu commandes et d'attendre ce que tu promets ; pour qu'au milieu des changements de ce monde, nos cœurs s'établissent fermement là où se trouvent les vraies joies. Par Jésus Christ... — ***Amen.***

Lecture
du livre de l'Exode (1, 8-14. 22)

« Prenons les dispositions voulues pour empêcher Israël de se multiplier »

En ces jours-là, un nouveau roi vint au pouvoir en Égypte. Il n'avait pas connu Joseph. Il dit à son peuple : « Voici que le peuple des fils d'Israël est maintenant plus nombreux et plus puissant que nous. Prenons donc les dispositions voulues pour l'empêcher de se multiplier. Car, s'il y avait une guerre, il se joindrait à nos ennemis, combattrait contre nous, et ensuite il sortirait du pays. » On imposa donc aux fils d'Israël des chefs de corvée

LUNDI 12 JUILLET 2021

pour les accabler de travaux pénibles. Ils durent bâtir pour Pharaon les villes d'entrepôts de Pithome et de Ramsès. Mais, plus on les accablait, plus ils se multipliaient et proliféraient, ce qui les fit détester. Les Égyptiens soumirent les fils d'Israël à un dur esclavage et leur rendirent la vie intenable à force de corvées : préparation de l'argile et des briques et toutes sortes de travaux à la campagne ; tous ces travaux étaient pour eux un dur esclavage. Pharaon donna cet ordre à tout son peuple : « Tous les fils qui naîtront aux Hébreux, jetez-les dans le Nil. Ne laissez vivre que les filles*. »
– Parole du Seigneur.

Psaume 123 (124)

℟ *Notre secours est dans le nom du Seigneur.*

Sans le Seigneur qui était pour nous
– qu'Israël le redise –
sans le Seigneur qui était pour nous
quand des hommes nous assaillirent,
alors ils nous avalaient tout vivants,
dans le feu de leur colère. ℟

Alors le flot passait sur nous,
le torrent nous submergeait ;
alors nous étions submergés
par les flots en furie.
Béni soit le Seigneur
qui n'a pas fait de nous la proie de leurs dents ! ℟

Comme un oiseau, nous avons échappé
au filet du chasseur ;
le filet s'est rompu :
nous avons échappé.
Notre secours est dans le nom du Seigneur
qui a fait le ciel et la terre. ℟

LUNDI 12 JUILLET 2021

Acclamation de l'Évangile
Alléluia. Alléluia. Heureux ceux qui sont persécutés pour la justice, car le royaume des Cieux est à eux ! **Alléluia.**

Évangile de Jésus Christ
selon saint Matthieu (10, 34 – 11, 1)

« Je ne suis pas venu apporter la paix, mais le glaive »

En ce temps-là, Jésus disait à ses Apôtres : « Ne pensez pas que je sois venu apporter la paix sur la terre : je ne suis pas venu apporter la paix, mais le glaive. Oui, je suis venu séparer l'homme de son père, la fille de sa mère, la belle-fille de sa belle-mère : on aura pour ennemis les gens de sa propre maison. Celui qui aime son père ou sa mère plus que moi n'est pas digne de moi ; celui qui aime son fils ou sa fille plus que moi n'est pas digne de moi ; celui qui ne prend pas sa croix et ne me suit pas n'est pas digne de moi. Qui a trouvé sa vie la perdra ; qui a perdu sa vie à cause de moi la trouvera. Qui vous accueille m'accueille ; et qui m'accueille accueille Celui qui m'a envoyé. Qui accueille un prophète en sa qualité de prophète recevra une récompense de prophète ; qui accueille un homme juste en sa qualité de juste recevra une récompense de juste. Et celui qui donnera à boire, même un simple verre d'eau fraîche, à l'un de ces petits en sa qualité de disciple, amen, je vous le dis : non, il ne perdra pas sa récompense. »
Lorsque Jésus eut terminé les instructions qu'il donnait à ses douze disciples, il partit de là pour enseigner et proclamer la Parole dans les villes du pays.

LUNDI 12 JUILLET 2021

Prière sur les offrandes
Par l'unique sacrifice de la Croix, tu t'es donné, Père très bon, un peuple de fils; accorde-nous, dans ton Église, la grâce de l'unité et de la paix. Par Jésus…
— **Amen.**

Antienne de la communion
Seigneur, tu as créé de quoi rassasier le monde entier : tu fais produire à la terre le pain, et le vin qui réjouit le cœur des hommes.
(cf. Ps 103, 13-15)
OU
« Qui mange ma chair et boit mon sang a la vie éternelle, dit le Seigneur, et moi, je le ressusciterai au dernier jour. »
(Jn 6, 54)

Prière après la communion
Que ta miséricorde, Seigneur, agisse en nous et nous guérisse entièrement; transforme-nous, par ta grâce, et rends-nous si généreux que nous puissions te plaire en toute chose. Par Jésus… — **Amen.**

INVITATION
Je pourrais prendre quelques instants, aujourd'hui, pour écrire « mon » psaume.

COMMENTAIRE

« Pas la paix, mais le glaive » Matthieu 10, 34 – 11, 1

Révoltante parole de Dieu que celle entendue ce jour. Est-ce donc cela la Bonne Nouvelle annoncée en Jésus ? Prenons garde toutefois de ne pas nous méprendre sur le sens des mots. Le glaive, c'est celui de la parole de Dieu qui pénètre jusqu'aux jointures de notre âme et nous oblige à faire un profond travail de vérité. Ce travail est parfois douloureux mais toujours libérateur. ■

Père Bertrand Lesoing, *communauté Saint-Martin*

✲ CLÉ DE LECTURE

« Que les filles » Exode 1, 22 *(p. 92)*

Un génocide programmé : les garçons mourront, les filles seront mariées à des Égyptiens et leurs enfants seront assimilés. Pourtant, à partir de là, un fil ténu court le long du texte. Dieu semble absent, il se tait alors que son peuple souffre et meurt. Mais des femmes vont silencieusement agir pour le sauver : des sages-femmes ont su tromper le Pharaon et laisser vivre des garçons, des filles vivront. La fille de Pharaon sauvera le petit Moïse (« sauvé des eaux ») et le confiera à sa sœur puis à sa mère, des femmes du peuple hébreu. Un jour, lorsque Moïse aura grandi, Dieu entendra le cri de son peuple, et se souviendra (Ex 2, 24). Mais il est déjà présent, à l'œuvre, dans la vie et l'action discrète des plus faibles de la société de l'époque, les femmes. ■

Roselyne Dupont-Roc, *bibliste*

MARDI 13 JUILLET 2021

15ᵉ SEMAINE DU TEMPS ORDINAIRE COULEUR LITURGIQUE : VERT

*Temps ordinaire, suggestion d'oraisons et d'antiennes n° 22
ou saint Henri, voir p. 101*

Antienne d'ouverture
**Prends pitié de moi, Seigneur, toi que je supplie tout le jour ;
toi, tu es bon, tu pardonnes,
tu es plein d'amour pour tous ceux qui t'appellent.** (Ps 85, 3.5)

Prière
Dieu puissant, de qui vient tout don parfait, enracine en nos cœurs l'amour de ton nom ; resserre nos liens avec toi, pour développer ce qui est bon en nous ; veille sur nous avec sollicitude, pour protéger ce que tu as fait grandir. Par Jésus Christ… — ***Amen.***

Lecture
du livre de l'Exode (2, 1-15a)

*« Elle lui donna le nom de Moïse, en disant : "Je l'ai tiré des eaux."
Or vint le jour où Moïse, qui avait grandi, se rendit auprès de ses frères »*

En ces jours-là, un homme de la tribu de Lévi avait épousé une femme de la même tribu. Elle devint enceinte, et elle enfanta un fils. Voyant qu'il était beau, elle le cacha durant trois mois. Lorsqu'il lui fut impossible de le tenir caché plus longtemps, elle prit une corbeille de jonc, qu'elle enduisit de bitume et de goudron. Elle y plaça l'enfant, et déposa la corbeille au bord du Nil, au milieu des roseaux. La sœur de l'enfant se tenait à distance pour voir ce qui allait arriver.

La fille de Pharaon descendit au fleuve pour s'y baigner, tandis que ses suivantes se promenaient sur la rive. Elle aperçut la corbeille parmi les roseaux et envoya sa servante pour la prendre. Elle l'ouvrit et elle vit l'enfant. C'était un petit garçon, il pleurait. Elle en eut pitié et dit : « C'est un enfant des Hébreux. » La sœur de l'enfant dit alors à la fille de Pharaon : « Veux-tu que j'aille te chercher, parmi les femmes des Hébreux, une nourrice qui, pour toi, nourrira l'enfant ? » La fille de Pharaon lui répondit : « Va. » La jeune fille alla donc chercher la mère de l'enfant. La fille de Pharaon dit à celle-ci : « Emmène cet enfant et nourris-le pour moi. C'est moi qui te donnerai ton salaire. » Alors la femme emporta l'enfant et le nourrit. Lorsque l'enfant eut grandi, elle le ramena à la fille de Pharaon qui le traita comme son propre fils ; elle lui donna le nom de Moïse, en disant : « Je l'ai tiré des eaux. » Or vint le jour où Moïse, qui avait grandi, se rendit auprès de ses frères et les vit accablés de corvées. Il vit un Égyptien qui frappait un Hébreu, l'un de ses frères. Regardant autour de lui et ne voyant personne, il frappa à mort l'Égyptien et l'enfouit dans le sable. Le lendemain, il sortit de nouveau : voici que deux Hébreux se battaient. Il dit à l'agresseur : « Pourquoi frappes-tu ton compagnon ? » L'homme lui répliqua : « Qui t'a institué chef et juge sur nous ? Veux-tu me tuer comme tu as tué l'Égyptien ? » Moïse eut peur et se dit : « Pas de doute, la chose est connue. » Pharaon en fut informé et chercha à faire tuer Moïse. Celui-ci s'enfuit loin de Pharaon et habita au pays de Madiane. – Parole du Seigneur.

MARDI 13 JUILLET 2021

Psaume 68 (69)

℟ *Cherchez Dieu, vous les humbles, et votre cœur vivra.*

J'enfonce dans la vase du gouffre,
rien qui me retienne ;
je descends dans l'abîme des eaux,
le flot m'engloutit. ℟

Et moi, je te prie, Seigneur :
c'est l'heure de ta grâce ;
dans ton grand amour, Dieu, réponds-moi,
par ta vérité sauve-moi. ℟

Et moi, humilié, meurtri,
que ton salut, Dieu, me redresse.
Et je louerai le nom de Dieu par un cantique,
je vais le magnifier, lui rendre grâce. ℟

Les pauvres l'ont vu, ils sont en fête :
« Vie et joie, à vous qui cherchez Dieu ! »
Car le Seigneur écoute les humbles,
il n'oublie pas les siens emprisonnés. ℟

Acclamation de l'Évangile

Alléluia. Alléluia. Aujourd'hui, ne fermez pas votre cœur, mais écoutez la voix du Seigneur. ***Alléluia.***

Évangile de Jésus Christ

selon saint Matthieu (11, 20-24)

« Au jour du Jugement, Tyr et Sidon et le pays de Sodome seront traités moins sévèrement que vous »

En ce temps-là, Jésus se mit à faire des reproches aux villes où avaient eu lieu la plupart de ses miracles, parce qu'elles ne s'étaient pas converties : « Malheureuse es-tu, Corazine ! Malheureuse es-tu,

MARDI 13 JUILLET 2021

Bethsaïde ! Car, si les miracles qui ont eu lieu chez vous avaient eu lieu à Tyr et à Sidon, ces villes, autrefois, se seraient converties, sous le sac et la cendre. Aussi, je vous le déclare : au jour du Jugement, Tyr et Sidon seront traitées moins sévèrement que vous. Et toi, Capharnaüm, seras-tu donc élevée jusqu'au ciel ? Non, tu descendras jusqu'au séjour des morts ! Car, si les miracles qui ont eu lieu chez toi avaient eu lieu à Sodome, cette ville serait encore là aujourd'hui. Aussi, je vous le déclare : au jour du Jugement, le pays de Sodome sera traité moins sévèrement que toi. »

Prière sur les offrandes
Que l'offrande eucharistique, Seigneur, nous apporte toujours la grâce du salut ; que ta puissance accomplisse elle-même ce que nous célébrons dans cette liturgie. Par Jésus… — **Amen.**

Antienne de la communion
Qu'elle est grande, Seigneur,
ta bonté envers ceux qui t'adorent !
(Ps 30, 20)

OU

Heureux les artisans de paix :
ils seront appelés fils de Dieu !
Heureux ceux qui sont persécutés
pour la justice : le Royaume des cieux
est à eux ! (Mt 5, 9-10)

MARDI 13 JUILLET 2021

Prière après la communion
Rassasiés par le pain de la vie, nous te prions, Seigneur : que cette nourriture fortifie l'amour en nos cœurs, et nous incite à te servir dans nos frères. Par Jésus… — *Amen.*

INVITATION

Si j'ai écrit « mon » psaume hier, je peux l'envoyer à quelqu'un. Ou alors, envoyer les versets d'un psaume qui me sont chers.

COMMENTAIRE

Petits miracles du quotidien Matthieu 11, 20-24

Les miracles opérés par Jésus ne produisent pas les effets escomptés et se heurtent à un mur d'indifférence. Qu'en est-il des miracles qui se sont déroulés dans notre propre vie ? Pas nécessairement des grands miracles, mais les petits miracles du quotidien : un pardon donné et reçu, un couple qui se réconcilie, une amitié qui résiste à l'épreuve du temps… Autant d'occasions d'entrer dans l'action de grâces et la louange ! ■

Père Bertrand Lesoing, communauté Saint-Martin

MARDI 13 JUILLET 2021

Saint Henri

Couleur liturgique : blanc

973-1024. Duc de Bavière, roi de Germanie puis empereur du saint Empire romain, il fut, avec sa femme sainte Cunégonde, un fervent défenseur de l'Église.

Antienne d'ouverture
Ton œuvre tout entière te rend grâce,
Seigneur, tes fidèles te bénissent :
ils diront la gloire de ton règne,
ils parleront de ta puissance.
(Ps 144, 10-11)

Prière
Seigneur, tu as comblé saint Henri de ta grâce pour qu'il sache gouverner son empire et tu l'as élevé à la gloire du ciel ; accorde-nous par son intercession, au milieu des changements de ce monde, de tendre vers toi dans la simplicité du cœur. Par Jésus Christ…
— *Amen.*

Prière sur les offrandes
Grâce à l'offrande qui t'est présentée, Seigneur, en la fête de saint Henri, daigne accorder à tes fidèles les biens de l'unité et de la paix. Par Jésus…
— *Amen.*

Antienne de la communion
Au banquet du Seigneur les justes sont en fête, en sa présence ils débordent d'allégresse.
(Ps 67, 4)

Prière après la communion
Nous t'en prions, Seigneur notre Dieu : que cette communion à ton sacrement, reçue en la fête de saint Henri, sanctifie nos esprits et nos cœurs et nous rende participants de la nature divine. Par Jésus… — *Amen.*

MERCREDI 14 JUILLET 2021

15ᵉ SEMAINE DU TEMPS ORDINAIRE COULEUR LITURGIQUE : VERT

Temps ordinaire, *suggestion d'oraisons et d'antiennes n° 23*
ou **saint Camille de Lellis**, *voir p. 106*

Antienne d'ouverture
**Tu es juste, Seigneur, et tes jugements sont droits :
agis pour ton serviteur selon ton amour, enseigne-moi tes volontés.**
(Ps 118, 137. 124)

Prière
Dieu qui as envoyé ton Fils pour nous sauver et pour faire de nous tes enfants d'adoption, regarde avec bonté ceux que tu aimes comme un père ; puisque nous croyons au Christ, accorde-nous la vraie liberté et la vie éternelle. Par Jésus Christ… — ***Amen.***

Lecture
du livre de l'Exode (3, 1-6. 9-12)

« L'ange du Seigneur lui apparut dans la flamme d'un buisson en feu »

En ces jours-là, Moïse était berger du troupeau de son beau-père Jéthro, prêtre de Madiane. Il mena le troupeau au-delà du désert et parvint à la montagne de Dieu, à l'Horeb. L'ange du Seigneur lui apparut dans la flamme d'un buisson en feu. Moïse regarda : le buisson brûlait sans se consumer. Moïse se dit alors : « Je vais faire un détour pour voir cette chose extraordinaire : pourquoi le buisson ne se consume-t-il pas ? » Le Seigneur

MERCREDI 14 JUILLET 2021

vit qu'il avait fait un détour pour voir, et Dieu l'appela du milieu du buisson : « Moïse ! Moïse ! » Il dit : « Me voici ! » Dieu dit alors : « N'approche pas d'ici ! Retire les sandales de tes pieds, car le lieu où tu te tiens est une terre sainte ! » Et il déclara : « Je suis le Dieu de ton père, le Dieu d'Abraham, le Dieu d'Isaac, le Dieu de Jacob. » Moïse se voila le visage car il craignait de porter son regard sur Dieu. Le Seigneur dit : « Maintenant, le cri des fils d'Israël est parvenu jusqu'à moi, et j'ai vu l'oppression que leur font subir les Égyptiens. Maintenant donc, va ! Je t'envoie chez Pharaon : tu feras sortir d'Égypte mon peuple, les fils d'Israël. » Moïse dit à Dieu : « Qui suis-je pour aller trouver Pharaon, et pour faire sortir d'Égypte les fils d'Israël ? » Dieu lui répondit : « Je suis avec toi. Et tel est le signe que c'est moi qui t'ai envoyé : quand tu auras fait sortir d'Égypte mon peuple, vous rendrez un culte à Dieu sur cette montagne. »
– Parole du Seigneur.

11-17

Psaume 102 (103)

℟ *Le Seigneur est tendresse et pitié.*

Bénis le Seigneur, ô mon âme,
bénis son nom très saint, tout mon être !
Bénis le Seigneur, ô mon âme,
n'oublie aucun de ses bienfaits ! ℟

Car il pardonne toutes tes offenses
et te guérit de toute maladie ;

il réclame ta vie à la tombe
et te couronne d'amour et de tendresse. ℟

Le Seigneur fait œuvre de justice,
il défend le droit des opprimés.
Il révèle ses desseins à Moïse,
aux enfants d'Israël ses hauts faits. ℟

PRIONS EN ÉGLISE **103**

MERCREDI 14 JUILLET 2021

Acclamation de l'Évangile
Alléluia. Alléluia. Tu es béni, Père, Seigneur du ciel et de la terre, tu as révélé aux tout-petits les mystères du Royaume ! ***Alléluia.***

Évangile de Jésus Christ
selon saint Matthieu (11, 25-27)

« Ce que tu as caché aux sages et aux savants, tu l'as révélé aux tout-petits »

En ce temps-là, Jésus prit la parole et dit : « Père, Seigneur du ciel et de la terre, je proclame ta louange : ce que tu as caché aux sages et aux savants, tu l'as révélé aux tout-petits. Oui, Père, tu l'as voulu ainsi dans ta bienveillance. Tout m'a été remis par mon Père ; personne ne connaît le Fils, sinon le Père, et personne ne connaît le Père, sinon le Fils, et celui à qui le Fils veut le révéler. »

Prière sur les offrandes
Dieu qui donnes la grâce de te servir avec droiture et de chercher la paix, fais que cette offrande puisse te glorifier, et que notre participation à l'eucharistie renforce les liens de notre unité. Par Jésus… — ***Amen.***

Antienne de la communion
Comme une biche languit après l'eau vive, ainsi mon âme languit vers toi, mon Dieu. Mon âme a soif de Dieu, du Dieu vivant. (Ps 41, 2-3)

OU

« Je suis la lumière du monde, dit le Seigneur, celui qui me suit ne marchera pas dans les ténèbres : il aura la lumière de la vie. » (Jn 8, 12)

MERCREDI 14 JUILLET 2021

Prière après la communion
Par ta parole et par ton pain, Seigneur, tu nourris et fortifies tes fidèles : accorde-nous de si bien profiter de ces dons que nous soyons associés pour toujours à la vie de ton Fils. Lui qui…
— *Amen.*

INVITATION
Dans ma prière, je peux confier au Seigneur les responsables – politiques, économiques, sociaux – de notre pays.

COMMENTAIRE

Une intelligence du cœur Matthieu 11, 25-27

La foi n'est pas affaire d'enfantillages, elle n'est pas non plus réservée « aux sages et aux savants » ; elle est d'abord et avant tout affaire de cœur. Car c'est bien par l'intelligence du cœur que nous entrons en relation avec Dieu, et donc avec nos frères et sœurs. Par leur foi et leur amour débarrassés des fausses pudeurs, les personnes vivant avec un handicap mental nous en donnent souvent un exemple lumineux. ■

Père Bertrand Lesoing, communauté Saint-Martin

MERCREDI 14 JUILLET 2021

Saint Camille de Lellis

Couleur liturgique : blanc

1550-1614. Choqué par la misère des hôpitaux de son temps, il fonda, en 1582, l'ordre des Serviteurs des malades, ou Camilliens. Patron des infirmiers.

Antienne d'ouverture
À ceux qui l'ont servi
dans leurs frères, le Seigneur dit :
« Venez, les bénis de mon Père.
J'étais malade et vous m'avez visité…
Vraiment, je vous le dis,
chaque fois que vous l'avez fait
à l'un de ces petits qui sont mes frères,
c'est à moi que vous l'avez fait. »
(Mt 25, 34. 36. 40)

Prière
Tu as donné, Seigneur, à saint Camille la grâce d'une étonnante charité envers les malades ; répands encore en nous ton esprit d'amour, et quand nous t'aurons servi dans nos frères, nous pourrons, à l'heure de quitter ce monde, nous en aller vers toi en toute paix. Par Jésus Christ… — ***Amen.***

Prière sur les offrandes
Accueille, Seigneur, les présents de ton peuple ; et, tandis que nous rappelons l'amour infini de ton Fils, fais que nous sachions, à l'exemple des saints, t'aimer et aimer notre prochain d'un cœur plus généreux. Par Jésus… — ***Amen.***

Antienne de la communion
« Il n'y a pas de plus grand amour que de donner sa vie pour ses amis », dit le Seigneur. (Jn 15, 13)

Prière après la communion
Toi qui nous as fortifiés par cette communion, Seigneur, aide-nous à suivre l'exemple de saint Camille dans l'amour qu'il sut te témoigner, et la charité dont il fit preuve envers ton peuple. Par Jésus… — ***Amen***

JEUDI 15 JUILLET 2021

15ᵉ SEMAINE DU TEMPS ORDINAIRE COULEUR LITURGIQUE : BLANC

Saint Bonaventure
1221-1274. En 1257, cet éminent théologien devint le septième ministre général de l'ordre des Frères mineurs qu'il dirigea avec sagesse. Docteur de l'Église.

Antienne d'ouverture
Le Seigneur s'est choisi saint Bonaventure comme prêtre, et, lui ouvrant ses trésors, il lui a donné de faire beaucoup de bien.

Prière
Accorde-nous, Dieu tout-puissant, tandis que nous célébrons l'anniversaire de saint Bonaventure, de mettre à profit les richesses de son enseignement, et de prendre en exemple sa brûlante charité. Par Jésus Christ… — **Amen.**

Lecture
du livre de l'Exode (3, 13-20)

« Celui qui m'a envoyé vers vous, c'est : Je-suis »

En ces jours-là, Moïse avait entendu la voix du Seigneur depuis le buisson. Il répondit à Dieu : « J'irai donc trouver les fils d'Israël, et je leur dirai : "Le Dieu de vos pères m'a envoyé vers vous." Ils vont me demander quel est son nom ; que leur répondrai-je ? » Dieu dit à Moïse : « Je suis qui je suis. Tu parleras ainsi aux fils d'Israël : "Celui qui m'a envoyé vers vous, c'est : Je-suis." » Dieu dit encore à Moïse : « Tu parleras ainsi aux fils d'Israël : "Celui qui m'a envoyé vers vous, c'est Le Seigneur, le Dieu de vos pères, le Dieu d'Abraham, le Dieu d'Isaac, le Dieu

JEUDI 15 JUILLET 2021

de Jacob." C'est là mon nom pour toujours, c'est par lui que vous ferez mémoire de moi, d'âge en d'âge. Va, rassemble les anciens d'Israël. Tu leur diras : "Le Seigneur, le Dieu de vos pères, le Dieu d'Abraham, d'Isaac et de Jacob, m'est apparu. Il m'a dit : Je vous ai visités et ainsi j'ai vu comment on vous traite en Égypte. J'ai dit : Je vous ferai monter de la misère qui vous accable en Égypte vers le pays du Cananéen, du Hittite, de l'Amorite, du Perizzite, du Hivvite et du Jébuséen, le pays ruisselant de lait et de miel." Ils écouteront ta voix ; alors tu iras, avec les anciens d'Israël, auprès du roi d'Égypte, et vous lui direz : "Le Seigneur, le Dieu des Hébreux, est venu nous trouver. Et maintenant, laisse-nous aller dans le désert, à trois jours de marche, pour y offrir un sacrifice au Seigneur notre Dieu." Or, je sais, moi, que le roi d'Égypte ne vous laissera pas partir s'il n'y est pas forcé. Aussi j'étendrai la main, je frapperai l'Égypte par toutes sortes de prodiges que j'accomplirai au milieu d'elle. Après cela, il vous permettra de partir. »
– Parole du Seigneur.

Psaume 104 (105)

℟ **Le Seigneur s'est toujours souvenu de son alliance.**
OU **Alléluia !**

Rendez grâce au Seigneur, proclamez son nom,
annoncez parmi les peuples ses hauts faits ;
souvenez-vous des merveilles qu'il a faites,
de ses prodiges, des jugements qu'il prononça. ℟

Il s'est toujours souvenu de son alliance,
parole édictée pour mille générations :
promesse faite à Abraham,
garantie par serment à Isaac. ℟

JEUDI 15 JUILLET 2021

Dieu rend son peuple nombreux
et plus puissant que tous ses adversaires ;
ceux-là, il les fait se raviser,
haïr son peuple et tromper
   ses serviteurs. ℟

Mais il envoie son serviteur, Moïse,
avec un homme de son choix, Aaron,
pour annoncer des signes prodigieux,
des miracles au pays de Cham. ℟

Acclamation de l'Évangile
Alléluia. Alléluia. Venez à moi, vous tous qui peinez sous le poids du fardeau, dit le Seigneur, et moi, je vous procurerai le repos. ***Alléluia.***

Évangile de Jésus Christ
selon saint Matthieu (11, 28-30)

« Je suis doux et humble de cœur »

En ce temps-là, Jésus prit la parole et dit : « Venez à moi, vous tous qui peinez sous le poids du fardeau, et moi, je vous procurerai le repos. Prenez sur vous mon joug, devenez mes disciples, car je suis doux et humble de cœur, et vous trouverez le repos pour votre âme. Oui, mon joug est facile à porter, et mon fardeau, léger. »

Prière sur les offrandes
Accueille, Seigneur, les offrandes que ton peuple te présente en l'honneur de saint Bonaventure : qu'elles nous obtiennent de ta bonté les secours que nous attendons. Par Jésus… — ***Amen.***

Préface des pasteurs, p. 223.

JEUDI 15 JUILLET 2021

Antienne de la communion
Le bon pasteur, le vrai berger, donne sa vie pour ses brebis.
(cf. Jn 10, 11)

Prière après la communion
Que cette communion, Seigneur notre Dieu, ravive en nous l'ardeur de charité et nous brûle de ce feu qui dévorait saint Bonaventure alors qu'il se dépensait pour ton Église. Par Jésus…
— **Amen.**

INVITATION

Je peux prendre quelques instants pour me reposer aujourd'hui, en confiant ce temps à Jésus.

COMMENTAIRE

Le paradoxe du joug
Matthieu 11, 28-30

Oui, il est parfois bien lourd le fardeau que nous avons à porter, qu'il s'agisse du poids des années, d'une rupture ou d'une profonde lassitude. Que nous propose le Seigneur face à cela ? De se charger d'un fardeau supplémentaire, le sien ! « Prenez sur vous mon joug. » Invitation paradoxale mais qui nous rappelle que même dans nos plus grandes solitudes, même dans nos plus grands échecs, le Christ est là ; il nous porte et nous soutient. ■ *Père Bertrand Lesoing, communauté Saint-Martin*

VENDREDI 16 JUILLET 2021

15ᴱ SEMAINE DU TEMPS ORDINAIRE COULEUR LITURGIQUE : VERT

Temps ordinaire, *suggestion d'oraisons et d'antiennes n° 24*
ou **Notre-Dame du Mont Carmel,** *voir p. 116*

Antienne d'ouverture
**Donne la paix, Seigneur, à ceux qui t'espèrent :
ne fais pas mentir les paroles de tes prophètes ;
exauce la prière de ton peuple.**
(cf. Si 36, 18)

Prière
Dieu créateur et maître de toutes choses, regarde-nous, et pour que nous ressentions l'effet de ton amour, accorde-nous de te servir avec un cœur sans partage. Par Jésus Christ… — ***Amen.***

Lecture
du livre de l'Exode (11, 10 – 12, 14)

« On immolera l'agneau au coucher du soleil. Je verrai le sang, et je passerai »

En ces jours-là, Moïse et Aaron avaient accompli toutes sortes de prodiges devant Pharaon ; mais le Seigneur avait fait en sorte que Pharaon s'obstine ; et celui-ci ne laissa pas les fils d'Israël sortir de son pays. Dans le pays d'Égypte, le Seigneur dit à Moïse et à son frère Aaron : « Ce mois-ci sera pour vous le premier des mois, il marquera pour vous le commencement de l'année. Parlez ainsi à toute la communauté d'Israël : le dix

VENDREDI 16 JUILLET 2021

de ce mois, que l'on prenne un agneau par famille, un agneau par maison. Si la maisonnée est trop peu nombreuse pour un agneau, elle le prendra avec son voisin le plus proche, selon le nombre des personnes. Vous choisirez l'agneau d'après ce que chacun peut manger. Ce sera une bête sans défaut, un mâle, de l'année. Vous prendrez un agneau ou un chevreau. Vous le garderez jusqu'au quatorzième jour du mois. Dans toute l'assemblée de la communauté d'Israël, on l'immolera au coucher du soleil. On prendra du sang, que l'on mettra sur les deux montants et sur le linteau des maisons où on le mangera. On mangera sa chair cette nuit-là, on la mangera rôtie au feu, avec des pains sans levain et des herbes amères. Vous n'en mangerez aucun morceau qui soit à moitié cuit ou qui soit bouilli ; tout sera rôti au feu, y compris la tête, les jarrets et les entrailles. Vous n'en garderez rien pour le lendemain ; ce qui resterait pour le lendemain, vous le détruirez en le brûlant. Vous mangerez ainsi : la ceinture aux reins, les sandales aux pieds, le bâton à la main. Vous mangerez en toute hâte : c'est la Pâque du Seigneur. Je traverserai le pays d'Égypte, cette nuit-là ; je frapperai tout premier-né au pays d'Égypte, depuis les hommes jusqu'au bétail. Contre tous les dieux de l'Égypte j'exercerai mes jugements : Je suis le Seigneur. Le sang sera pour vous un signe, sur les maisons où vous serez. Je verrai le sang, et je passerai : vous ne serez pas atteints par le fléau dont je frapperai le pays d'Égypte. Ce jour-là sera pour vous un mémorial. Vous en ferez pour le Seigneur une fête de pèlerinage. C'est un décret perpétuel : d'âge en âge vous la fêterez. »
– Parole du Seigneur.

VENDREDI 16 JUILLET 2021

Psaume 115 (116b)

℟ *J'élèverai la coupe du salut, j'invoquerai le nom du Seigneur.*
OU **Alléluia !**

Comment rendrai-je au Seigneur
tout le bien qu'il m'a fait ?
J'élèverai la coupe du salut,
j'invoquerai le nom du Seigneur. ℟

Il en coûte au Seigneur
de voir mourir les siens !

Ne suis-je pas, Seigneur, ton serviteur,
moi, dont tu brisas les chaînes ? ℟

Je t'offrirai le sacrifice d'action de grâce,
j'invoquerai le nom du Seigneur.
Je tiendrai mes promesses au Seigneur,
oui, devant tout son peuple. ℟

Acclamation de l'Évangile

Alléluia. Alléluia. Mes brebis écoutent ma voix, dit le Seigneur ; moi, je les connais, et elles me suivent. ***Alléluia.***

Évangile de Jésus Christ

selon saint Matthieu (12, 1-8)

« Le Fils de l'homme est maître du sabbat »

En ce temps-là, un jour de sabbat, Jésus vint à passer à travers les champs de blé ; ses disciples eurent faim et ils se mirent à arracher des épis et à les manger. Voyant cela, les pharisiens lui dirent : « Voilà que tes disciples font ce qu'il n'est pas permis de faire le jour du sabbat ! » Mais il leur dit : « N'avez-vous pas lu ce que fit David, quand il eut faim, lui et

11-17

VENDREDI 16 JUILLET 2021

ceux qui l'accompagnaient ? Il entra dans la maison de Dieu, et ils mangèrent les pains de l'offrande ; or, ni lui ni les autres n'avaient le droit d'en manger, mais seulement les prêtres. Ou bien encore, n'avez-vous pas lu dans la Loi que le jour du sabbat, les prêtres, dans le Temple, manquent au repos du sabbat sans commettre de faute ? Or, je vous le dis : il y a ici plus grand que le Temple. Si vous aviez compris ce que signifie : Je veux la miséricorde, non le sacrifice, vous n'auriez pas condamné ceux qui n'ont pas commis de faute. En effet, le Fils de l'homme est maître du sabbat. »

Prière sur les offrandes
Sois favorable à nos prières, Seigneur, et reçois avec bonté nos offrandes : que les dons apportés par chacun à la gloire de ton nom servent au salut de tous. Par Jésus… — **Amen.**

Antienne de la communion
La coupe de bénédiction pour laquelle nous rendons grâce nous fait communier au sang du Christ ;
et le pain que nous rompons nous fait communier au corps du Christ.
(cf. 1 Co 10, 16)

OU

Qu'il est précieux, ton amour,
ô mon Dieu !
En lui s'abritent les hommes.
(Ps 35, 8)

VENDREDI 16 JUILLET 2021

Prière après la communion
Que la grâce de cette communion, Seigneur, saisisse nos esprits et nos corps, afin que son influence, et non pas notre sentiment, domine toujours en nous. Par Jésus… — **Amen.**

INVITATION

En cette fête de Notre-Dame du Mont Carmel,
je peux confier au Seigneur la famille carmélitaine dans ma prière.

COMMENTAIRE

Le seul critère qui compte Matthieu 12, 1-8
Les faux-semblants, l'hypocrisie, l'attachement démesuré aux apparences risquent toujours de nous faire passer à côté de l'essentiel. C'est pour cela que Jésus les dénonce avec autant de vivacité. Échapper à cette tentation ne consiste pas à cultiver à souhait une attitude provocante ou non-conformiste. Plus simplement, nous avons à nous rappeler que pour juger de nos actions, de nos paroles et de nos pensées, un seul critère compte vraiment : l'amour. ■

Père Bertrand Lesoing, communauté Saint-Martin

VENDREDI 16 JUILLET 2021

Notre-Dame du Mont Carmel

Couleur liturgique : blanc

Le Carmel, montagne de Palestine, est un haut lieu de prière depuis les temps anciens. Les Carmes y ont bâti un monastère dédié à la Vierge Marie, qui a mené à Nazareth une vie de travail et de contemplation.

Antienne d'ouverture

Nous te saluons, Mère très sainte :
tu as mis au monde le Roi
qui gouverne le ciel et la terre
pour les siècles sans fin.

Prière

Que la prière maternelle de la Vierge Marie vienne à notre aide, Seigneur ; accorde-nous, par sa protection de parvenir à la montagne véritable qui est le Christ, notre Seigneur. Lui qui…
— *Amen.*

Prière sur les offrandes

Dans son amour pour les hommes, que ton Fils unique vienne à notre secours, Seigneur : puisque sa naissance n'a pas altéré mais a consacré la virginité de sa mère, qu'il nous délivre aujourd'hui de nos péchés et te rende agréable cette offrande. Lui qui…
— *Amen.*

Préface de la Vierge Marie, p. 222.

Antienne de la communion

Heureuse la Vierge Marie, qui a porté dans son sein le Fils du Père éternel.
(cf. Lc 11, 27)

Prière après la communion

En communiant à la nourriture du ciel, nous implorons ta bonté, Seigneur : puisque nous avons la joie de faire mémoire de la Vierge Marie, rends-nous capables d'accueillir comme elle le mystère de notre rédemption. Par Jésus… — *Amen.*

SAMEDI 17 JUILLET 2021

15ᴱ SEMAINE DU TEMPS ORDINAIRE COULEUR LITURGIQUE : VERT

Temps ordinaire, *suggestion d'oraisons et d'antiennes nº 25*
ou **bienheureuse Vierge Marie,** *voir p. 74*

Antienne d'ouverture
« Je suis le sauveur de mon peuple,
dit le Seigneur, s'il crie vers moi dans les épreuves,
je l'exauce ; je suis son Dieu pour toujours. »

Prière
Seigneur, tu as voulu que toute la loi consiste à t'aimer et à aimer son prochain :
donne-nous de garder tes commandements, et de parvenir ainsi à la vie éternelle.
Par Jésus Christ… — **Amen.**

Lecture
du livre de l'Exode (12, 37-42)

« Ce fut une nuit de veille pour le Seigneur, quand il fit sortir d'Égypte les fils d'Israël »

En ces jours-là, les fils d'Israël partirent de la ville de Ramsès en direction de Souccoth, au nombre d'environ six cent mille sans compter les enfants. Une multitude disparate les accompagnait, ainsi qu'un immense troupeau de moutons et de bœufs. Ils firent cuire des galettes sans levain avec la pâte qu'ils avaient emportée d'Égypte et qui n'avait pas levé ; en effet, ils avaient été chassés d'Égypte sans avoir eu le temps de

SAMEDI 17 JUILLET 2021

faire des provisions. Le séjour des fils d'Israël en Égypte avait duré quatre cent trente ans. Et c'est au bout de quatre cent trente ans, c'est en ce jour même que toutes les armées du Seigneur sortirent du pays d'Égypte. Ce fut une nuit de veille pour le Seigneur, quand il fit sortir d'Égypte les fils d'Israël ; ce doit être pour eux, de génération en génération, une nuit de veille en l'honneur du Seigneur.
– Parole du Seigneur.

Psaume 135 (136)

℟ ***Éternel est son amour !***
OU ***Alléluia !***

Rendez grâce au Seigneur : il est bon,
℟ éternel est son amour !
il se souvient de nous, les humiliés,
℟ éternel est son amour !

Il nous tira de la main des oppresseurs,
℟ éternel est son amour !
lui qui frappa les Égyptiens dans leurs aînés,
℟ éternel est son amour !
et fit sortir Israël de leur pays,
℟ éternel est son amour !
d'une main forte et d'un bras vigoureux,
℟ éternel est son amour !

Lui qui fendit la mer Rouge en deux parts,
℟ éternel est son amour !
et fit passer Israël en son milieu,
℟ éternel est son amour !
y rejetant Pharaon et ses armées,
℟ éternel est son amour !

SAMEDI 17 JUILLET 2021

Acclamation de l'Évangile
Alléluia. Alléluia. Dans le Christ, Dieu réconciliait le monde avec lui : il a mis dans notre bouche la parole de la réconciliation. ***Alléluia.***

Évangile de Jésus Christ
selon saint Matthieu (12, 14-21)

« Il leur défendit vivement de parler de lui. Ainsi devait s'accomplir la parole prononcée par Isaïe »

En ce temps-là, une fois sortis de la synagogue, les pharisiens se réunirent en conseil contre Jésus pour voir comment le faire périr. Jésus, l'ayant appris, se retira de là ; beaucoup de gens le suivirent, et il les guérit tous. Mais il leur défendit vivement de parler de lui. Ainsi devait s'accomplir la parole prononcée par le prophète Isaïe : *Voici mon serviteur que j'ai choisi, mon bien-aimé en qui je trouve mon bonheur. Je ferai reposer sur lui mon Esprit, aux nations il fera connaître le jugement. Il ne cherchera pas querelle, il ne criera pas, on n'entendra pas sa voix sur les places publiques. Il n'écrasera pas le roseau froissé, il n'éteindra pas la mèche qui faiblit, jusqu'à ce qu'il ait fait triompher le jugement. Les nations mettront en son nom leur espérance.*

Prière sur les offrandes
Reçois favorablement, Seigneur, les offrandes de ton peuple, pour qu'il obtienne dans le mystère eucharistique les biens auxquels il croit de tout son cœur. Par Jésus… — ***Amen.***

SAMEDI 17 JUILLET 2021

Antienne de la communion
Tu nous as ordonné, Seigneur,
de garder fidèlement tes préceptes ;
puissions-nous avancer au droit
chemin selon tes commandements.
(Ps 118, 4-5)
OU
Le Seigneur nous dit : « Je suis le Bon Pasteur ; je connais mes brebis et mes brebis me connaissent. » (Jn 10, 14)

Prière après la communion
Seigneur, que ton aide accompagne toujours ceux que tu as nourris de tes sacrements, afin qu'ils puissent, dans ces mystères et par toute leur vie, recueillir les fruits de la rédemption. Par Jésus… — *Amen.*

INVITATION

Y a-t-il des mots, des phrases de l'évangile qui me semblent difficiles ?
Avec qui pourrais-je les partager, les méditer, prier ?

COMMENTAIRE

Dans la main de Dieu Matthieu 12, 14-21

« Il n'écrasera pas le roseau froissé, il n'éteindra pas la mèche qui faiblit » : comme elles sont émouvantes ces paroles du prophète Isaïe (Is 42, 3) ! Elles nous rappellent la valeur infinie de toute vie, même la plus fragile, même la plus cabossée. Ces vies froissées comme un roseau et faiblissantes comme une mèche sont dans la main de Dieu. Plus encore, elles sont signes du Royaume qui vient ! ■

Père Bertrand Lesoing, communauté Saint-Martin

DIMANCHE 18 JUILLET 2021
16E DIMANCHE DU TEMPS ORDINAIRE

ANNÉE B COULEUR LITURGIQUE : VERT

« *Ils étaient comme des brebis sans berger.* »
Marc 6, 34

© Johan Papin

« Reconnectez-vous à la nature. » Slogan tendance aujourd'hui, mais qui trouve écho dans la parole de Dieu. Jésus nous appelle instamment à nous reposer, c'est-à-dire à nous abstraire du quotidien, à renoncer aux dispersions qui nous prennent en otages, pour mieux trouver notre repos en lui. Auprès des eaux tranquilles où il nous fait revivre.

DIMANCHE 18 JUILLET 2021

OUVERTURE DE LA CÉLÉBRATION

Chant d'entrée (Suggestions p. 241)
OU
Antienne d'ouverture
Voici que le Seigneur vient m'aider, Dieu, mon appui entre tous. De grand cœur j'offrirai le sacrifice, je rendrai grâce à son nom, car il est bon ! (Ps 53, 6. 8)

Suggestion de préparation pénitentielle (ou p. 215)
Par le moyen de la croix, Jésus a réconcilié le monde. Humblement, approchons-nous de Dieu et reconnaissons que nous sommes pécheurs.

Seigneur Jésus, notre justice, tu nous apprends à aimer. Pardonne-nous. Seigneur prends pitié de nous.
— *Seigneur prends pitié de nous.*

Ô Christ, notre berger, tu nous montres le chemin. Ô Christ prends pitié de nous.
— *Ô Christ prends pitié de nous.*

Seigneur, notre repos, tu nous renouvelles par ta Parole. Seigneur prends pitié de nous.
— *Seigneur prends pitié de nous.*

Que Dieu tout-puissant nous fasse miséricorde ; qu'il nous pardonne nos péchés et nous conduise à la vie éternelle. — *Amen.*

DIMANCHE 18 JUILLET 2021

Gloire à Dieu (p. 216)

Prière
Sois favorable à tes fidèles, Seigneur, et multiplie les dons de ta grâce : entretiens en eux la foi, l'espérance et la charité, pour qu'ils soient attentifs à garder tes commandements. Par Jésus Christ… — **Amen.**

LITURGIE DE LA PAROLE

Lecture du livre du prophète Jérémie (23, 1-6)
« Je ramènerai le reste de mes brebis, je susciterai pour elles des pasteurs »

Quel malheur pour vous, pasteurs ! Vous laissez périr et vous dispersez les brebis de mon pâturage – oracle du Seigneur ! C'est pourquoi, ainsi parle le Seigneur, le Dieu d'Israël, contre les pasteurs qui conduisent mon peuple : Vous avez dispersé mes brebis, vous les avez chassées, et vous ne vous êtes pas occupés d'elles. Eh bien ! Je vais m'occuper de vous, à cause de la malice de vos actes – oracle du Seigneur. Puis, je rassemblerai moi-même le reste de mes brebis de tous les pays où je les ai chassées. Je les ramènerai dans leur enclos, elles seront fécondes et se multiplieront. Je susciterai pour elles des pasteurs qui les conduiront ; elles ne seront plus apeurées ni effrayées, et aucune ne sera perdue – oracle du Seigneur. Voici venir des jours – oracle du Seigneur, où je susciterai pour David un Germe juste : il régnera en vrai roi, il agira avec intelligence, il

DIMANCHE 18 JUILLET 2021

exercera dans le pays le droit et la justice. En ces jours-là, Juda sera sauvé, et Israël habitera en sécurité. Voici le nom qu'on lui donnera : « Le-Seigneur-est-notre-justice. » – Parole du Seigneur.

Psaume 22 (23)
℟ *Le Seigneur est mon berger : rien ne saurait me manquer.*

T. : AELF ; M. : M. Wackenheim ; ADF.

Le Seigneur est mon berger :
je ne manque de rien.
Sur des prés d'herbe fraîche,
il me fait reposer. ℟

Il me mène vers les eaux tranquilles
et me fait revivre ;
il me conduit par le juste chemin
pour l'honneur de son nom. ℟

Retrouvez ce psaume sur le CD "Les psaumes de l'année B"

DIMANCHE 18 JUILLET 2021

Si je traverse les ravins de la mort,
je ne crains aucun mal,
car tu es avec moi :
ton bâton me guide et me rassure. ℟

Tu prépares la table pour moi
devant mes ennemis ;
tu répands le parfum sur ma tête,
ma coupe est débordante. ℟

Grâce et bonheur m'accompagnent
tous les jours de ma vie ;
j'habiterai la maison du Seigneur
pour la durée de mes jours. ℟

Lecture de la lettre de saint Paul apôtre aux Éphésiens (2, 13-18)
*« Le Christ est notre paix :
des deux, le Juif et le païen, il a fait une seule réalité »*

Frères, maintenant, dans le Christ Jésus, vous qui autrefois étiez loin, vous êtes devenus proches par le sang du Christ. C'est lui, le Christ, qui est notre paix : des deux, le Juif et le païen, il a fait une seule réalité ; par sa chair crucifiée, il a détruit ce qui les séparait, le mur de la haine ; il a supprimé les prescriptions juridiques de la loi de Moïse. Ainsi, à partir des deux, le Juif et le païen, il a

DIMANCHE 18 JUILLET 2021

voulu créer en lui un seul Homme nouveau en faisant la paix, et réconcilier avec Dieu les uns et les autres en un seul corps par le moyen de la croix ; en sa personne, il a tué la haine.

Il est venu annoncer la bonne nouvelle de la paix, la paix pour vous qui étiez loin, la paix pour ceux qui étaient proches. Par lui, en effet, les uns et les autres, nous avons, dans un seul Esprit, accès auprès du Père.

– Parole du Seigneur.

Acclamation de l'Évangile

Alléluia. Alléluia. Mes brebis écoutent ma voix, dit le Seigneur ; moi, je les connais, et elles me suivent. ***Alléluia.***

M. : P. Robert.

DIMANCHE 18 JUILLET 2021

Évangile de Jésus Christ selon saint Marc (6, 30-34)
« Ils étaient comme des brebis sans berger »

En ce temps-là, après leur première mission, les Apôtres se réunirent auprès de Jésus, et lui annoncèrent tout ce qu'ils avaient fait et enseigné. Il leur dit : « Venez à l'écart dans un endroit désert, et reposez-vous un peu. » De fait, ceux qui arrivaient et ceux qui partaient étaient nombreux, et l'on n'avait même pas le temps de manger. Alors, ils partirent en barque pour un endroit désert, à l'écart. Les gens les virent s'éloigner, et beaucoup comprirent leur intention. Alors, à pied, de toutes les villes, ils coururent là-bas et arrivèrent avant eux. En débarquant, Jésus vit une grande foule. Il fut saisi de compassion envers eux, parce qu'ils étaient comme des brebis sans berger. Alors, il se mit à les enseigner longuement.

Homélie

Profession de foi (p. 217)

DIMANCHE 18 JUILLET 2021

Suggestion de prière universelle

Le prêtre :
Par le Christ et dans l'Esprit, nous allons vers le Père. Il entend notre prière pour le bonheur de tous nos frères.

℟ **Oh ! Seigneur, en ce jour, écoute nos prières.**

P 95 ; T. : et M. : R. Fau ; ADF © Studio SM.

Le diacre ou un lecteur :

Le Seigneur est notre berger. Pour qu'à sa suite, l'Église rassemble toutes les brebis et leur révèle la miséricorde qui sauve, ensemble supplions. ℟

Le Seigneur nous appelle au repos. Pour que toute notre assemblée puisse profiter de ce temps pour y trouver des forces nouvelles, ensemble supplions. ℟

Le Seigneur sauve tous les hommes par la résurrection du Christ. Pour que les malades, les mourants, les prisonniers, découvrent l'espérance jaillie de la Croix, ensemble supplions. ℟

Le Seigneur est notre justice. Pour qu'au cœur des conflits se lèvent des créateurs courageux et passionnés de dialogue et d'amitié. Avec le pape François, ensemble supplions. ℟

(Ces intentions seront modifiées ou adaptées selon les circonstances.)

DIMANCHE 18 JUILLET 2021

Le prêtre:
Oui, nous le croyons, grâce et bonheur sont offerts à tous nos frères. Accorde-leur, Dieu notre Père, de découvrir cette espérance que tu nous donnes en Jésus, le Christ, notre Seigneur.
— ***Amen.***

LITURGIE EUCHARISTIQUE

Prière sur les offrandes
Dans l'unique et parfait sacrifice de la croix, tu as porté à leur achèvement, Seigneur, les sacrifices de l'ancienne loi ; reçois cette offrande des mains de tes fidèles et daigne la sanctifier comme tu as béni les présents d'Abel : que les dons offerts par chacun pour te glorifier servent au salut de tous. Par Jésus… — ***Amen.***

Prière eucharistique (Préface des dimanches, p. 221)

Chant de communion (Suggestions p. 241)
OU
Antienne de la communion
Le Seigneur a mis le comble à son amour en nous laissant le mémorial de ses merveilles ; à ses amis, il a donné le signe d'un repas qui leur rappelle à jamais son alliance.
(cf. Ps 110, 4-5)

DIMANCHE 18 JUILLET 2021

OU
« Voici que je me tiens à la porte et je frappe,
dit le Seigneur ;
si quelqu'un entend ma voix, s'il m'ouvre,
j'entrerai chez lui, je prendrai mon repas avec lui,
et lui avec moi. »
(Ap 3, 20)

Prière après la communion
Dieu très bon, reste auprès de ton peuple, car sans toi notre vie tombe en ruine ; fais passer à une vie nouvelle ceux que tu as initiés aux sacrements de ton Royaume. Par Jésus…
— **Amen.**

CONCLUSION DE LA CÉLÉBRATION

Bénédiction

Envoi

DIMANCHE 18 JUILLET 2021

COMMENTAIRE DU DIMANCHE
Marie-Dominique Trébuchet, directrice de l'IER
(Institut catholique de Paris)

Le sens de la foi

La logique de l'Évangile n'est ni celle de la séparation ni celle de l'exclusion. Les affirmations du pape François prennent racine profondément dans la parole de Dieu. Ainsi, en lisant les textes de ce dimanche, on ne peut s'empêcher de penser au malheur qui frappe l'Église quand la conduite de quelques-uns porte atteinte au peuple de Dieu. Usant de pouvoir, ils séparent, effraient et abandonnent les brebis. Or, faire Église, vivre dans la cohérence d'un « nous » fécond, telle est l'identité du peuple de Dieu composé de ceux et celles, proches et lointains, qui sont réunis dans le Christ, le berger qui prend soin de ses brebis. L'Évangile le rappelle, les brebis ont du flair, elles reconnaissent en Jésus celui à l'écoute duquel elles découvriront le vrai sens de la vie : la paix pour tous, une paix qui s'acquiert dans la justice et •••

DIMANCHE 18 JUILLET 2021

... l'amour. Ce flair n'a pas quitté le peuple de Dieu. On l'appelle le sens de la foi – *sensus fidei*, une compétence propre au peuple fidèle, l'instinct spirituel qui fait reconnaître la voix du Christ et se mettre à l'écoute de son enseignement. Nous ne possédons pas le sens de la foi, nous le recevons comme un don propre à nous orienter vers le Christ. C'est un don de reconnaissance du vrai berger par-delà les divisions, qui est en définitive un don de communion. Nous l'exerçons quand nous nous opposons à tout ce qui sépare, érige des murs de haine et pervertit la logique de l'Évangile.

Le sens de la foi diffère de l'opinion personnelle : quels sont pour moi aujourd'hui les pratiques et les lieux personnels et communautaires qui m'aident à discerner ce qui vient réellement de Dieu ? ■

DIMANCHE 18 JUILLET 2021

LIRE L'ÉVANGILE AVEC LES ENFANTS

CE QUE JE DÉCOUVRE

Jésus est plein de compassion envers chacun. Ses amis reviennent de mission ? Il les invite à se reposer. La foule est « comme des brebis sans berger » ? Il les enseigne. **Jésus est un ami qui connaît nos besoins,** notre fatigue ou notre soif de Dieu. Et son amitié est si grande qu'il donne sa vie pour chacun de nous.

CE QUE JE VIS

Quand tu as besoin de te reposer, où vas-tu ? Et que fais-tu ? À quels moments te sens-tu comme une brebis sans berger ? **Jésus se fait proche de tous. Dessine une croix et écris autour les prénoms des personnes qui ont besoin de sentir l'amour de Jésus.**

Texte : Frédéric Pascal. Illustrations : Marcelino Truong

18 - 24

DIMANCHE 18 JUILLET 2021

MÉDITATION BIBLIQUE
16ᴱ DIMANCHE DU TEMPS ORDINAIRE
Évangile selon saint Marc 6, 30-34

La rencontre a lieu

Hors de la ville, des foules nombreuses cherchent la rencontre pour en vivre. Voulant Jésus pour berger, elles reconnaissent la compassion dont il est porteur.

Le temps de la préparation

« Le Seigneur est mon berger :
je ne manque de rien.
Sur des prés d'herbe fraîche,
il me fait reposer. » Ps 22 (23), 1

Le temps de l'observation

Le tableau est étonnant. Des foules arrivent, d'autres partent. Jésus tente de mettre ses disciples à l'abri des interactions et des demandes. Il n'y réussit pas. Les personnes les suivent, les précèdent, courent pour ne pas les perdre de vue. Voyant cela, Jésus « est saisi de compassion ». Que voit-il réellement dans ces personnes qui ne le quittent pas ? Qu'est-ce qui le touche autant chez ces femmes et ces hommes qualifiés dans le texte de « brebis sans berger » ? Ces gens sont là parce qu'ils ont soif. Le texte ne dit pas de quoi. On peut imaginer qu'il

DIMANCHE 18 JUILLET 2021

s'agit de vivre, de comprendre, d'être aimé et d'aimer, tout cela dans une rencontre avec quelqu'un qui ne juge pas mais qui accueille. Ils perçoivent tous que Jésus est riche de tout cela, qu'ils savent qu'avec lui, ils ne risquent rien. Comme il prend soin de leur existence autant qu'ils le font eux-mêmes, ils lui font confiance.

Le temps de la méditation

Ces foules voulant Jésus pour berger reconnaissent la compassion dont il est porteur. Elle tranche avec l'attitude déplorable qui est celle des loups déguisés en bergers. Ézékiel explique que les faux bergers perdent leurs brebis en leur faisant peur, en les divisant ou en les excluant du troupeau. Le prophète annonce que toutes ces personnes maltraitées par les bergers seront mises sous la protection de Dieu lui-même. « Je les ramènerai dans leur enclos, elles seront fécondes et se multiplieront. » Il ne sera question de chercher d'autres pasteurs qu'après ce moment d'abondance et de fécondité. Jésus témoigne de cet engagement. En accueillant tous ceux qui ont soif et qui cherchent leur voie, il incarne cette parole prophétique. Dans un endroit désert, à l'écart du bruit et des contraintes, Jésus se laisse toucher par ces personnes qui cherchent du sens hors des sentiers battus. La rencontre a lieu. Dieu tient ses promesses.

Le temps de la prière

**« J'habiterai la maison du Seigneur pour la durée de mes jours. »
Ps 22 (23), 6** ■

Marie-Laure Durand,
bibliste

DIMANCHE 18 JUILLET 2021

DES IMAGES POUR LA FOI
16ᴱ DIMANCHE DU TEMPS ORDINAIRE

Le Berger et l'Agneau

Loin des représentations bucoliques du Bon Pasteur, c'est à une méditation du mystère de la Passion et de la Croix qu'invite ce tableau de Lucas Cranach.

Le peintre nous invite à un face à face avec le Christ. Le cadrage serré du tableau et son fond obscur nous conduisent au visage de Jésus dont les yeux, légèrement levés, cherchent notre regard. Alors que les représentations antiques du Bon Pasteur (au mausolée de Galla Placiadia à Ravenne, par exemple) résonnaient comme un chant de Pâques, la musique que laisse entendre cette peinture est plutôt celle d'une « Passion ». Jésus ne porte pas un riche vêtement coloré, mais la tunique terne et délavée des serviteurs. Au mouvement de sa cuisse droite on comprend qu'il remonte un chemin. La tête penchée, la bouche entrouverte, il semble avoir du mal à reprendre sa respiration car la brebis sur ses épaules a le poids de la Croix. Il ne l'a pas laissée se perdre, il est allé la chercher au plus profond des « ravins de la mort » (Ps 22, 4). C'est au cœur des ténèbres du Vendredi saint que Lucas Cranach nous pousse à discerner les lueurs de la Résurrection (suggérées par les discrets rayons de l'auréole) : le Bon Berger qui donne sa vie pour ses brebis et l'Agneau vainqueur dont parle l'Apocalypse (cf. Ap 5) ne font qu'un. ∎

Dominique Pierre, journaliste

Le Christ Bon Berger, Lucas Cranach (vers 1540), Angermuseum, Erfurt (Allemagne).

LUNDI 19 JUILLET 2021
16ᴇ SEMAINE DU TEMPS ORDINAIRE COULEUR LITURGIQUE : VERT

Temps ordinaire, *suggestion d'oraisons et d'antiennes n° 26*

Antienne d'ouverture
Tu nous as traités, Seigneur, en toute justice, car nous avons péché, nous n'avons pas écouté tes commandements. Mais, pour l'honneur de ton nom, traite-nous selon la richesse de ta miséricorde.
(Dn 3, 31. 29. 30. 43. 42)

Prière
Dieu qui donnes la preuve suprême de ta puissance lorsque tu patientes et prends pitié, sans te lasser, accorde-nous ta grâce : en nous hâtant vers les biens que tu promets, nous parviendrons au bonheur du ciel. Par Jésus Christ… — ***Amen.***

Lecture
du livre de l'Exode (14, 5-18)

« Les Égyptiens sauront que je suis le Seigneur, quand je me serai glorifié aux dépens de Pharaon »

En ces jours-là, on annonça au roi d'Égypte, que le peuple d'Israël s'était enfui. Alors Pharaon et ses serviteurs changèrent de sentiment envers ce peuple. Ils dirent : « Qu'avons-nous fait en laissant partir Israël : il ne sera plus à notre service ! » Pharaon fit atteler son char et rassembler ses troupes ; il prit six cents chars d'élite et tous les chars de l'Égypte, chacun avec son

LUNDI 19 JUILLET 2021

équipage. Le Seigneur fit en sorte que s'obstine Pharaon*, roi d'Égypte, qui se lança à la poursuite des fils d'Israël, tandis que ceux-ci avançaient librement. Les Égyptiens, tous les chevaux, les chars de Pharaon, ses guerriers et son armée, les poursuivirent et les rejoignirent alors qu'ils campaient au bord de la mer, près de Pi-Hahiroth, en face de Baal-Sefone.

Comme Pharaon approchait, les fils d'Israël regardèrent et, voyant les Égyptiens lancés à leur poursuite, ils eurent très peur, et ils crièrent vers le Seigneur. Ils dirent à Moïse : « L'Égypte manquait-elle de tombeaux, pour que tu nous aies emmenés mourir dans le désert ? Quel mauvais service tu nous as rendu en nous faisant sortir d'Égypte ! C'est bien là ce que nous te disions en Égypte : "Ne t'occupe pas de nous, laisse-nous servir les Égyptiens. Il vaut mieux les servir que de mourir dans le désert !" » Moïse répondit au peuple : « N'ayez pas peur ! Tenez bon ! Vous allez voir aujourd'hui ce que le Seigneur va faire pour vous sauver ! Car, ces Égyptiens que vous voyez aujourd'hui, vous ne les verrez plus jamais. Le Seigneur combattra pour vous, et vous, vous n'aurez rien à faire. » Le Seigneur dit à Moïse : « Pourquoi crier vers moi ? Ordonne aux fils d'Israël de se mettre en route ! Toi, lève ton bâton, étends le bras sur la mer, fends-la en deux, et que les fils d'Israël entrent au milieu de la mer à pied sec. Et moi, je ferai en sorte que les Égyptiens s'obstinent : ils y entreront derrière eux ; je me glorifierai aux dépens de Pharaon et de toute son armée, de ses chars et de ses guerriers. Les Égyptiens sauront que je suis le Seigneur, quand je me serai glorifié aux dépens de Pharaon, de ses chars et de ses guerriers. »
– Parole du Seigneur.

18 - 24

LUNDI 19 JUILLET 2021

Cantique Exode 15, 1, 2, 3-4a, 4b-5, 6

℟ *Chantons pour le Seigneur ! Éclatante est sa gloire !*

Je chanter**ai** pour le Seigneur !
Éclat**a**nte est sa gloire :
il a jet**é** dans la mer
chev**a**l et cavalier ! ℟

Ma force et mon ch**a**nt, c'est le Seigneur :
il est pour m**oi** le salut.
Il est mon Di**eu**, je le célèbre ;
j'exalte le Di**eu** de mon père. ℟

Le Seigneur est le guerri**er** des combats ;
son nom est « L**e** Seigneur ».
Les chars du Phara**on** et ses armées,
il les l**a**nce dans la mer. ℟

L'élite de leurs chefs a sombr**é**
  dans la mer Rouge.
L'ab**î**me les recouvre :
ils descendent, c**o**mme la pierre,
au f**on**d des eaux. ℟

Ta dr**oi**te, Seigneur,
magnif**i**que en sa force,
ta dr**oi**te, Seigneur,
écr**a**se l'ennemi. ℟

Acclamation de l'Évangile

Alléluia. Alléluia. Aujourd'hui, ne fermez pas votre cœur, mais écoutez la voix du Seigneur. ***Alléluia.***

Évangile de Jésus Christ

selon saint Matthieu (12, 38-42)

« Lors du Jugement, la reine de Saba se dressera en même temps que cette génération »

En ce temps-là, quelques-uns des scribes et des pharisiens adressèrent la parole à Jésus : « Maître, nous voulons voir un signe venant de toi. » Il leur répondit : « Cette génération mauvaise et adultère réclame un signe, mais, en fait de signe, il ne lui sera donné que le signe du prophète Jonas. En effet, comme Jonas est resté dans le ventre du monstre marin trois jours et trois nuits, le Fils de l'homme restera de même au cœur de la terre trois jours et trois nuits. Lors du Jugement, les habitants de Ninive se lèveront en même temps que cette génération, et ils la condamneront ; en effet, ils se sont convertis en réponse à la proclamation faite par Jonas, et il y a ici bien plus que Jonas. Lors du Jugement, la reine de Saba se dressera en même temps que cette génération, et elle la condamnera ; en effet, elle est venue des extrémités de la terre pour écouter la sagesse de Salomon, et il y a ici bien plus que Salomon. »

Prière sur les offrandes

Dieu de miséricorde, accepte notre offrande : qu'elle ouvre largement pour nous la source de toute bénédiction. Par Jésus… — **Amen.**

LUNDI 19 JUILLET 2021

Antienne de la communion
Souviens-toi, Seigneur,
de la parole que tu m'as donnée ;
en elle j'ai mis mon espoir,
et, dans ma misère,
elle est pour moi un réconfort.
(Ps 118, 49-50)
OU
À ceci nous avons reconnu l'amour :
Jésus a donné sa vie pour nous ;
nous devons donc, à notre tour,
donner notre vie pour nos frères.
(1 Jn 3, 16)

Prière après la communion
Que cette eucharistie, Seigneur, renouvelle nos esprits et nos corps, et nous donne part à l'héritage glorieux de celui qui nous unit à son sacrifice lorsque nous proclamons sa mort. Lui qui… — **Amen.**

INVITATION

Je peux lire, page 4, l'intention universelle du pape de ce mois-ci et prier avec lui.

LUNDI 19 JUILLET 2021

COMMENTAIRE

Combat pour la liberté   Exode 14, 5-18

« N'ayez pas peur, tenez bon [...] Le Seigneur combattra pour vous. » Le texte de l'Exode nous renvoie au difficile accès à la liberté. Nous la souhaitons mais, dès qu'un processus de libération se met en route, les résistances surviennent dans lesquelles la peur de l'inconnu et de la souffrance joue un grand rôle. Et cela sur le plan des addictions petites et grandes, des relations familiales, professionnelles, associatives... mais n'est-ce pas là que se vit le combat spirituel ? ■

Sœur Emmanuelle Billoteau, ermite

✲ CLÉ DE LECTURE

« Le Seigneur fit en sorte que s'obstine Pharaon »   Exode 14, 5-18 *(p. 139)*

Dieu manipulerait-il les hommes et l'histoire ? L'analyse minutieuse du texte a montré qu'il entrelace deux récits offrant, chacun, une présentation différente de la causalité des événements. Un fil du récit explique le retournement de Pharaon par des causes purement économiques (perdre une main-d'œuvre gratuite) et montre que le peuple affolé finit par préférer l'esclavage à une fuite incertaine. Mais tout cela est relu sous un autre angle : celui du dessein de Dieu qui est de sauver son peuple. Dès lors, les causes humaines apparaissent comme les instruments que Dieu utilise pour accomplir son dessein. Même comprise ainsi, la confiance en Dieu dans l'histoire reste difficile, et Moïse peine à convaincre le peuple : « N'ayez pas peur, tenez bon » ! ■

Roselyne Dupont-Roc, bibliste

MARDI 20 JUILLET 2021

16ᴱ SEMAINE DU TEMPS ORDINAIRE COULEUR LITURGIQUE : VERT

Temps ordinaire, suggestion d'oraisons et d'antiennes n° 27
ou **saint Apollinaire**

Antienne d'ouverture

Tout dépend de ta volonté, Seigneur, et rien ne peut lui résister : c'est toi qui as fait le ciel et la terre et les merveilles qu'ils contiennent. Tu es le Maître de l'univers. (Est 13, 9. 10-11)

Prière

Dans ton amour inépuisable, Dieu éternel et tout-puissant, tu combles ceux qui t'implorent, bien au-delà de leurs mérites et de leurs désirs ; répands sur nous ta miséricorde en délivrant notre conscience de ce qui l'inquiète et en donnant plus que nous n'osons demander. Par Jésus Christ… — ***Amen.***

Lecture

du livre de l'Exode (14, 21 – 15, 1a)

« Les fils d'Israël entrèrent au milieu de la mer à pied sec »

En ces jours-là, Moïse étendit le bras sur la mer. Le Seigneur chassa la mer toute la nuit par un fort vent d'est ; il mit la mer à sec, et les eaux se fendirent. Les fils d'Israël entrèrent au milieu de la mer à pied sec, les eaux formant une muraille à leur droite et à leur gauche. Les Égyptiens les poursuivirent ; tous les chevaux de Pharaon, ses chars et ses guerriers entrèrent derrière eux jusqu'au milieu de la mer.

MARDI 20 JUILLET 2021

Aux dernières heures de la nuit, le Seigneur observa, depuis la colonne de feu et de nuée, l'armée des Égyptiens, et il la frappa de panique. Il faussa les roues de leurs chars, et ils eurent beaucoup de peine à les conduire. Les Égyptiens s'écrièrent : « Fuyons devant Israël, car c'est le Seigneur qui combat pour eux contre nous ! » Le Seigneur dit à Moïse : « Étends le bras sur la mer : que les eaux reviennent sur les Égyptiens, leurs chars et leurs guerriers ! » Moïse étendit le bras sur la mer. Au point du jour, la mer reprit sa place ; dans leur fuite, les Égyptiens s'y heurtèrent, et le Seigneur les précipita au milieu de la mer. Les eaux refluèrent et recouvrirent les chars et les guerriers, toute l'armée de Pharaon qui était entrée dans la mer à la poursuite d'Israël. Il n'en resta pas un seul. Mais les fils d'Israël avaient marché à pied sec au milieu de la mer, les eaux formant une muraille à leur droite et à leur gauche.

Ce jour-là, le Seigneur sauva Israël de la main de l'Égypte, et Israël vit les Égyptiens morts sur le bord de la mer. Israël vit avec quelle main puissante le Seigneur avait agi contre l'Égypte. Le peuple craignit le Seigneur, il mit sa foi dans le Seigneur et dans son serviteur Moïse. Alors Moïse et les fils d'Israël chantèrent ce cantique au Seigneur :
– Parole du Seigneur.

18 - 24

MARDI 20 JUILLET 2021

Cantique Exode 15, 8, 9, 10. 12, 13a. 17

℟ *Chantons pour le Seigneur ! Éclatante est sa gloire !*

Au souffle de tes narines,
  les eaux s'amoncellent :
comme une digue, se dressent les flots ;
les abîmes se figent au cœur de la mer. ℟

L'ennemi disait : « Je poursuis, je domine,
je partage le butin, je m'en repais ;
je tire mon épée : je prends les dépouilles ! » ℟

Tu souffles ton haleine : la mer les recouvre ;
comme du plomb,
  ils s'abîment dans les eaux redoutables.

Tu étends ta main droite :
  la terre les avale. ℟

Par ta fidélité tu conduis
  ce peuple que tu as racheté.
Tu les amènes, tu les plantes
  sur la montagne, ton héritage,
le lieu que tu as fait, Seigneur, pour l'habiter,
le sanctuaire, Seigneur,
  fondé par tes mains. ℟

Acclamation de l'Évangile

Alléluia. Alléluia. Si quelqu'un m'aime, il gardera ma parole, dit le Seigneur ; mon Père l'aimera, et nous viendrons vers lui. **Alléluia.**

MARDI 20 JUILLET 2021

Évangile de Jésus Christ
selon saint Matthieu (12, 46-50)

« Étendant la main vers ses disciples, il dit : "Voici ma mère et mes frères" »

En ce temps-là, comme Jésus parlait encore aux foules, voici que sa mère et ses frères se tenaient au-dehors, cherchant à lui parler. Quelqu'un lui dit : « Ta mère et tes frères sont là, dehors, qui cherchent à te parler. » Jésus lui répondit : « Qui est ma mère, et qui sont mes frères ? » Puis, étendant la main vers ses disciples, il dit : « Voici ma mère et mes frères. Car celui qui fait la volonté de mon Père qui est aux cieux, celui-là est pour moi un frère, une sœur, une mère. »

Prière sur les offrandes
Accepte, Seigneur, le sacrifice que tu nous as donné : dans les mystères que nous célébrons pour te rendre grâce, sanctifie les hommes que tu as sauvés par ton Fils. Lui qui… — **Amen.**

Antienne de la communion
À nous tous, nous ne formons qu'un seul corps, puisqu'il n'y a qu'un seul pain, nous qui communions au même pain et à la même coupe.
(cf. 1 Co 10, 17)

OU
Le Seigneur est bon pour ceux qui se tournent vers lui,
pour ceux qui le recherchent.
(Lm 3, 25)

MARDI 20 JUILLET 2021

Prière après la communion
Accorde-nous, Seigneur notre Dieu, de trouver dans cette communion notre force et notre joie ; afin que nous puissions devenir ce que nous avons reçu : le corps du Christ. Lui qui... — ***Amen.***

INVITATION

Je relis les derniers mois : y a-t-il des moments où le Seigneur a « ouvert la mer » devant moi ?

COMMENTAIRE

La Bible, miroir de l'âme — Exode 14, 21 – 15, 1a

Le chapitre 14 du livre de l'Exode peut nous choquer si nous le lisons au premier degré. Mais si nous y reconnaissons le combat entre notre Égypte intérieure idolâtre (l'homme ancien) et notre Israël promis à l'Alliance (l'homme nouveau), nous percevons mieux ce qui se joue en nous et le rôle de Dieu dans notre libération. La Bible n'est-elle pas, selon Grégoire le Grand, révélation de Dieu et miroir de notre âme ? Elle nous rappelle aussi que nous ne pouvons reconnaître la présence de Dieu à nos côtés qu'après coup. ■

Sœur Emmanuelle Billoteau, ermite

MERCREDI 21 JUILLET 2021
16ᵉ SEMAINE DU TEMPS ORDINAIRE COULEUR LITURGIQUE : VERT

Temps ordinaire, *suggestion d'oraisons et d'antiennes n° 28*
ou **saint Laurent de Brindisi**

Antienne d'ouverture
Si tu retiens les fautes, Seigneur, qui donc subsistera ?
Mais près de toi se trouve le pardon, Dieu fidèle.
(Ps 129, 3-4)

Prière
Nous t'en prions, Seigneur, que ta grâce nous devance et qu'elle nous accompagne toujours, pour nous rendre attentifs à faire le bien sans relâche. Par Jésus Christ… — **Amen.**

Lecture
du livre de l'Exode (16, 1-5. 9-15)

« Du ciel, je vais faire pleuvoir du pain pour vous »

Toute la communauté des fils d'Israël partit d'Élim et atteignit le désert de Sine, entre Élim et le Sinaï, le quinzième jour du deuxième mois après sa sortie du pays d'Égypte. Dans le désert, toute la communauté des fils d'Israël récriminait contre Moïse et son frère Aaron. Les fils d'Israël leur dirent : « Ah ! Il aurait mieux valu mourir de la main du Seigneur, au pays d'Égypte, quand nous étions assis près des marmites de viande, quand nous mangions du pain à

MERCREDI 21 JUILLET 2021

satiété ! Vous nous avez fait sortir dans ce désert pour faire mourir de faim tout ce peuple assemblé ! » Le Seigneur dit à Moïse : « Voici que, du ciel, je vais faire pleuvoir du pain pour vous. Le peuple sortira pour recueillir chaque jour sa ration quotidienne, et ainsi je vais le mettre à l'épreuve : je verrai s'il marchera, ou non, selon ma loi. Mais, le sixième jour, quand ils feront le compte de leur récolte, ils trouveront le double de la ration quotidienne. » Moïse dit ensuite à Aaron : « Ordonne à toute la communauté des fils d'Israël : "Présentez-vous devant le Seigneur, car il a entendu vos récriminations." » Aaron parla à toute la communauté des fils d'Israël ; puis ils se tournèrent du côté du désert, et voici que la gloire du Seigneur apparut dans la nuée. Le Seigneur dit alors à Moïse : « J'ai entendu les récriminations des fils d'Israël. Tu leur diras : "Au coucher du soleil, vous mangerez de la viande et, le lendemain matin, vous aurez du pain à satiété. Alors vous saurez que moi, le Seigneur, je suis votre Dieu." »

Le soir même, surgit un vol de cailles qui recouvrirent le camp ; et, le lendemain matin, il y avait une couche de rosée autour du camp. Lorsque la couche de rosée s'évapora, il y avait, à la surface du désert, une fine croûte, quelque chose de fin comme du givre, sur le sol. Quand ils virent cela, les fils d'Israël se dirent l'un à l'autre : « *Mann hou ?* » (ce qui veut dire : Qu'est-ce que c'est ?), car ils ne savaient pas ce que c'était. Moïse leur dit : « C'est le pain que le Seigneur vous donne à manger. »
– Parole du Seigneur.

MERCREDI 21 JUILLET 2021

Psaume 77 (78)

℟ *Le Seigneur donne le pain du ciel !*

Ils tentaient le Seigneur dans leurs cœurs,
ils réclamèrent de manger à leur faim.
Ils s'en prennent à Dieu et demandent :
« Dieu peut-il apprêter une table
 au désert ? » ℟

Il commande aux nuées là-haut,
il ouvre les écluses du ciel :
pour les nourrir il fait pleuvoir la manne,
il leur donne le froment du ciel. ℟

Chacun se nourrit du pain des Forts,
il les pourvoit de vivres à satiété.
Dans le ciel, il pousse le vent d'est
et lance le grand vent du midi. ℟

Sur eux il fait pleuvoir une nuée d'oiseaux,
autant de viande que de sable
 au bord des mers.
Elle s'abat au milieu de leur camp
tout autour de leurs demeures. ℟

Acclamation de l'Évangile

Alléluia. Alléluia. La semence est la parole de Dieu, le semeur est le Christ ; celui qui le trouve demeure pour toujours. ***Alléluia.***

Évangile de Jésus Christ

selon saint Matthieu (13, 1-9)

« Ils ont donné du fruit à raison de cent pour un »

Ce jour-là, Jésus était sorti de la maison, et il était assis au bord de la mer. Auprès de lui se rassemblèrent des foules si grandes qu'il monta dans une barque où il s'assit ; toute la foule se tenait sur le

MERCREDI 21 JUILLET 2021

rivage. Il leur dit beaucoup de choses en paraboles : « Voici que le semeur sortit pour semer. Comme il semait, des grains sont tombés au bord du chemin, et les oiseaux sont venus tout manger. D'autres sont tombés sur le sol pierreux, où ils n'avaient pas beaucoup de terre ; ils ont levé aussitôt, parce que la terre était peu profonde. Le soleil s'étant levé, ils ont brûlé et, faute de racines, ils ont séché. D'autres sont tombés dans les ronces ; les ronces ont poussé et les ont étouffés. D'autres sont tombés dans la bonne terre, et ils ont donné du fruit à raison de cent, ou soixante, ou trente pour un. Celui qui a des oreilles, qu'il entende ! »

Prière sur les offrandes
Avec ces offrandes, Seigneur, reçois les prières de tes fidèles ; que cette liturgie célébrée avec amour nous fasse passer à la gloire du ciel. Par Jésus… — **Amen.**

Antienne de la communion
Le riche est dépourvu, affamé,
mais, à la table du Seigneur,
celui qui cherche Dieu
ne manque de rien. (cf. Ps 33, 11)

OU
Quand le Fils de Dieu paraîtra,
nous serons semblables à lui,
parce que nous le verrons tel qu'il est.
(1 Jn 3, 2)

MERCREDI 21 JUILLET 2021

Prière après la communion
Dieu souverain, nous te le demandons humblement : rends-nous participants de la nature divine, puisque tu nous as fait communier au corps et au sang du Christ. Lui qui… — **Amen.**

INVITATION

Je peux lire ou relire l'une des lettres du pape François comme *Fratelli Tutti* ou *Laudato si'*.

COMMENTAIRE

Comment réagir ? Exode 16, 1-5. 9-15

Le chapitre 16 du livre de l'Exode interroge notre rapport au manque, à la frustration et au temps, dans notre vie humaine et spirituelle. Comment réagissons-nous ? Par des regrets stériles qui pointent vers notre complicité avec les divers esclavages que nous connaissons ou par cette confiance et cette bonne curiosité qui nous poussent à avancer coûte que coûte dans la certitude que Dieu nous attend. Rappelons-nous Job qui ne connaissait Dieu que par ouï-dire et dont les « yeux » ont fini par s'ouvrir. ■ *Sœur Emmanuelle Billoteau, ermite*

JEUDI 22 JUILLET 2021

COULEUR LITURGIQUE : BLANC

Sainte Marie Madeleine
Ier siècle. L'une des femmes dévouées à Jésus. Elle resta avec Marie et Jean au pied de la Croix. Le Christ ressuscité lui étant apparu au matin de Pâques, elle alla l'annoncer aux Apôtres.

Antienne d'ouverture
À Marie Madeleine, Jésus ressuscité a confié ce message :
« Va trouver mes frères, et dis-leur : je monte vers mon Père et votre Père, vers mon Dieu et votre Dieu. » (cf. Jn 20, 17)

Gloire à Dieu (p. 216)

Prière
Seigneur notre Dieu, c'est à Marie Madeleine que ton Fils bien-aimé a confié la première annonce de la joie pascale ; accorde-nous, à sa prière et à son exemple, la grâce d'annoncer le Christ ressuscité et de le contempler un jour dans ta gloire. Lui qui... — **Amen.**

Lectures propres à la fête de sainte Marie Madeleine.

Lecture
du Cantique des Cantiques (3, 1-4a)

Paroles de la bien-aimée. Sur mon lit, la nuit, j'ai cherché celui que mon âme désire ; je l'ai cherché ; je ne l'ai pas trouvé*. Oui, je me lèverai, je tournerai dans la ville, par les rues et les places : je chercherai celui que

« J'ai trouvé celui que mon âme désire »

JEUDI 22 JUILLET 2021

mon âme désire ; je l'ai cherché ; je ne l'ai pas trouvé. Ils m'ont trouvée, les gardes, eux qui tournent dans la ville : « Celui que mon âme désire, l'auriez-vous vu ? » À peine les avais-je dépassés, j'ai trouvé celui que mon âme désire : je l'ai saisi et ne le lâcherai pas. – Parole du Seigneur.

On peut aussi lire 2 Corinthiens 5, 14-17.

Psaume 62 (63)

℟ *Mon âme a soif de toi, Seigneur mon Dieu !*

Dieu, tu es mon Dieu, je te cherche dès l'aube :
mon âme a soif de toi ;
après toi languit ma chair,
terre aride, altérée, sans eau. ℟

Je t'ai contemplé au sanctuaire,
j'ai vu ta force et ta gloire.
Ton amour vaut mieux que la vie :
tu seras la louange de mes lèvres ! ℟

Toute ma vie, je vais te bénir,
lever les mains en invoquant ton nom.
Comme par un festin, je serai rassasié ;
la joie sur les lèvres, je dirai ta louange. ℟

Oui, tu es venu à mon secours :
je crie de joie à l'ombre de tes ailes.
Mon âme s'attache à toi,
ta main droite me soutient. ℟

Acclamation de l'Évangile

Alléluia. Alléluia. « Dis-nous, Marie Madeleine, qu'as-tu vu en chemin ? – J'ai vu le tombeau du Christ vivant, j'ai vu la gloire du Ressuscité. » *Alléluia.*

JEUDI 22 JUILLET 2021

Évangile de Jésus Christ
selon saint Jean (20, 1. 11-18)

« Femme, pourquoi pleures-tu ? Qui cherches-tu ? »

Le premier jour de la semaine, Marie Madeleine se rend au tombeau de grand matin ; c'était encore les ténèbres. Elle s'aperçoit que la pierre a été enlevée du tombeau. Elle se tenait près du tombeau, au-dehors, tout en pleurs. Et en pleurant, elle se pencha vers le tombeau. Elle aperçoit deux anges vêtus de blanc, assis l'un à la tête et l'autre aux pieds, à l'endroit où avait reposé le corps de Jésus. Ils lui demandent : « Femme, pourquoi pleures-tu ? » Elle leur répond : « On a enlevé mon Seigneur, et je ne sais pas où on l'a déposé. » Ayant dit cela, elle se retourna ; elle aperçoit Jésus qui se tenait là, mais elle ne savait pas que c'était Jésus. Jésus lui dit : « Femme, pourquoi pleures-tu ? Qui cherches-tu ? » Le prenant pour le jardinier, elle lui répond : « Si c'est toi qui l'as emporté, dis-moi où tu l'as déposé, et moi, j'irai le prendre. » Jésus lui dit alors : « Marie ! » S'étant retournée, elle lui dit en hébreu : « Rabbouni ! », c'est-à-dire : Maître. Jésus reprend : « Ne me retiens pas, car je ne suis pas encore monté vers le Père. Va trouver mes frères pour leur dire que je monte vers mon Père et votre Père, vers mon Dieu et votre Dieu. » Marie Madeleine s'en va donc annoncer aux disciples : « J'ai vu le Seigneur ! », et elle raconta ce qu'il lui avait dit.

Prière sur les offrandes
Accepte, Seigneur, les offrandes que nous te présentons en fêtant sainte Marie Madeleine, puisque ton Fils voulut bien accepter son dévouement et son amour. Lui qui… — *Amen.*

JEUDI 22 JUILLET 2021

Prière eucharistique
(Préface de Marie Madeleine)
Vraiment, il est juste et bon, pour ta gloire et notre salut, de te célébrer en toute chose, toi, le Père tout-puissant, dont la puissance n'a d'égale que la miséricorde, par le Christ, notre Seigneur. Au jardin, il s'est manifesté à Maire Madeleine, il est apparu à celle qui l'avait aimé en cette vie, et qui le vit mourir sur la croix, elle qui le chercha quand il gisait dans le tombeau, et, la première, l'adora quand il ressuscita d'entre les morts. Il lui confia la charge et l'honneur d'être l'apôtre des Apôtres, pour que la joyeuse annonce de la vie nouvelle parvienne aux limites du monde. C'est pourquoi nous aussi, avec les anges et tous les saints, nous te louons, Seigneur, et dans l'allégresse, nous proclamons : *Saint ! Saint ! Saint…*

Antienne de la communion
L'amour du Christ nous saisit,
afin que notre vie ne soit plus
à nous-mêmes, mais à lui
qui est mort et ressuscité pour nous.
(cf. 2 Co 5, 14.15)

Prière après la communion
Que la communion à tes mystères, Seigneur, nous remplisse de cet amour sans défaillance qui a lié pour toujours sainte Marie Madeleine à son divin Maître, le Christ. Lui qui… — **Amen.**

INVITATION
Marie Madeleine fut la première à témoigner de la Résurrection.
Qui a été, pour moi, le premier témoin du Ressuscité ?

JEUDI 22 JUILLET 2021

COMMENTAIRE

La bien-aimée — Cantique 3, 1-4a

Le Cantique des Cantiques qui célèbre les jeux de l'amour – de distance et de proximité entre le Bien-aimé et la bien-aimée – illustre très justement la quête de Marie de Magdala qui ne se résout pas à la perte de Jésus. Sa détermination, qui n'est pas sans rencontrer d'obstacles, a une heureuse issue. Mais comme la bien-aimée du Cantique qui croit pouvoir retenir l'Aimé, Marie devra consentir à laisser Jésus remonter vers le Père et s'ouvrir à une autre forme de présence. ■

Sœur Emmanuelle Billoteau, ermite

✣ CLÉ DE LECTURE

« Je ne l'ai pas trouvé » — Cantique 3, 2 *(p. 154)*

La même quête des deux femmes passionnées à la recherche de l'aimé. Si la fiancée du Cantique a pu saisir celui qu'elle aime, le poème nous apprend que sa quête ne cesse pas, toujours relancée, même lorsque le fiancé à son tour chante sa passion pour elle. Celle de Marie Madeleine, plus tragique, bute sur l'absence de l'aimé, qu'elle trouvera aussi lorsqu'il l'appellera par son nom. Mais elle est alors déjà dans un mouvement d'éloignement et de départ, puisqu'elle s'est retournée une seconde fois. Elle va repartir vers ceux à qui elle doit annoncer la nouvelle : la vie et l'amour ont triomphé. Mais la quête ne saurait s'arrêter, au contraire, elle lance toujours plus loin pour annoncer à d'autres la Bonne Nouvelle et chercher avec eux le Bien-aimé. ■

Roselyne Dupont-Roc, bibliste

VENDREDI 23 JUILLET 2021

COULEUR LITURGIQUE : BLANC

Sainte Brigitte de Suède
XIVᵉ siècle. Noble suédoise, mère de huit enfants, fondatrice de l'ordre du Saint-Sauveur. Depuis 1999, elle est l'une des trois patronnes de l'Europe.

Antienne d'ouverture
Réjouissons-nous tous dans le Seigneur, en célébrant la fête de la bienheureuse Brigitte, les anges s'en réjouissent et tous ensemble ils louent le Fils de Dieu.

Gloire à Dieu (p. 216)

Prière
Seigneur Dieu, tu as conduit sainte Brigitte par divers chemins de vie et tu lui as enseigné de façon admirable la sagesse de la croix par la contemplation de la Passion de ton Fils ; accorde à chacun de nous, quel que soit son état de vie, de savoir te chercher en toute chose. Par Jésus Christ…
— **Amen.**

Lectures propres à la fête de sainte Brigitte de Suède.

Lecture

de la lettre de saint Paul apôtre aux Galates (2, 19-20)

« Je vis, mais ce n'est plus moi, c'est le Christ qui vit en moi »

Frères, par la Loi, je suis mort à la Loi afin de vivre pour Dieu ; avec le Christ, je suis crucifié. Je vis, mais ce n'est plus moi, c'est le Christ qui vit

VENDREDI 23 JUILLET 2021

en moi. Ce que je vis aujourd'hui dans la chair, je le vis dans la foi au Fils de Dieu qui m'a aimé et s'est livré lui-même pour moi. – Parole du Seigneur.

On peut aussi lire Tobie 8, 4b-7.

Psaume 33 (34)

℟ *Je bénirai le Seigneur en tout temps.*
OU *Goûtez et voyez comme est bon le Seigneur.*

Je bénirai le Seigneur en tout temps,
sa louange sans cesse à mes lèvres.
Je me glorifierai dans le Seigneur :
que les pauvres m'entendent
    et soient en fête ! ℟

Magnifiez avec moi le Seigneur,
exaltons tous ensemble son nom.
Je cherche le Seigneur, il me répond :
de toutes mes frayeurs, il me délivre. ℟

Qui regarde vers lui resplendira,
sans ombre ni trouble au visage.
Un pauvre crie ; le Seigneur entend :
il le sauve de toutes ses angoisses. ℟

L'ange du Seigneur campe alentour
pour libérer ceux qui le craignent.
Goûtez et voyez : le Seigneur est bon !
Heureux qui trouve en lui son refuge ! ℟

Saints du Seigneur, adorez-le :
rien ne manque à ceux qui le craignent.
Des riches ont tout perdu, ils ont faim ;
qui cherche le Seigneur
    ne manquera d'aucun bien. ℟

VENDREDI 23 JUILLET 2021

Acclamation de l'Évangile
Alléluia. Alléluia. Demeurez dans mon amour, dit le Seigneur. Celui qui demeure en moi et en qui je demeure, celui-là porte beaucoup de fruit. ***Alléluia.***

Évangile de Jésus Christ
selon saint Marc (3, 31-35)

« Celui qui fait la volonté de Dieu, celui-là est pour moi un frère, une sœur, une mère. »

En ce temps-là, comme Jésus était dans une maison, arrivent sa mère et ses frères. Restant au-dehors, ils le font appeler. Une foule était assise autour de lui ; et on lui dit : « Voici que ta mère et tes frères sont là dehors : ils te cherchent. » Mais il leur répond : « Qui est ma mère ? qui sont mes frères ? » Et parcourant du regard ceux qui étaient assis en cercle autour de lui, il dit : « Voici ma mère et mes frères. Celui qui fait la volonté de Dieu, celui-là est pour moi un frère, une sœur, une mère. »

On peut aussi lire Jean 15, 1-8.

Prière sur les offrandes
Dieu de grande bonté, en sainte Brigitte tu as fait disparaître ce qui devait vieillir, pour créer un être nouveau à ton image ; nous t'en prions, accorde-nous d'être renouvelés comme elle, afin que nous puissions te plaire en t'offrant ce sacrifice de pardon et de paix. Par Jésus… — **Amen.**

Préface des saints, p. 224.

VENDREDI 23 JUILLET 2021

Antienne de la communion
Tu aimes la justice et tu réprouves le mal. Oui, Dieu, ton Dieu, t'a consacrée d'une onction de joie, de préférence à tes semblables.
(Ps 44, 8)

Prière après la communion
Dieu tout-puissant, nous te prions ; fais que, soutenus par la force de ce sacrement et instruits par l'exemple de la bienheureuse Brigitte, nous te cherchions toujours et par-dessus tout donnant forme en ce monde à l'humanité nouvelle. Par Jésus... — *Amen.*

INVITATION

En ce temps d'été, je peux écrire une carte postale à quelqu'un qui m'est cher et que j'ai perdu de vue.

COMMENTAIRE

Vivre en Christ Galates 2, 19-20

« Ce que je vis aujourd'hui dans la chair, je le vis dans la foi au Fils de Dieu qui m'a aimé et s'est livré lui-même pour moi » (Ga 2). Vivre en Christ implique un bouleversement de l'échelle des valeurs, comme le signifie l'évangile. La primauté n'est plus aux liens du sang, mais à la communion au Christ qui passe, entre autres, par l'écoute de la Parole et la prière. C'est ce qu'a vécu sainte Brigitte de Suède, c'est ce que nous sommes appelés à vivre suivant notre charisme propre. ■

Sœur Emmanuelle Billoteau, ermite

SAMEDI 24 JUILLET 2021

16ᵉ SEMAINE DU TEMPS ORDINAIRE COULEUR LITURGIQUE : VERT

Temps ordinaire, *suggestion d'oraisons et d'antiennes n° 29*
ou bienheureuse Vierge Marie, *voir p. 74*
ou saint Charbel Makhlouf, *voir p. 167*

Antienne d'ouverture

Je t'appelle, mon Dieu, car tu peux me répondre ; écoute-moi ! Entends ce que je dis. Garde-moi comme la prunelle de l'œil ; sois mon abri, protège-moi. (Ps 16, 6. 8)

Prière

Dieu éternel et tout-puissant, fais-nous toujours vouloir ce que tu veux et servir ta gloire d'un cœur sans partage. Par Jésus Christ… — **Amen.**

Lecture

du livre de l'Exode (24, 3-8)

« Voici le sang de l'Alliance que le Seigneur a conclue avec vous »

En ces jours-là, descendant du Sinaï, Moïse vint rapporter au peuple toutes les paroles du Seigneur et toutes ses ordonnances. Tout le peuple répondit d'une seule voix : « Toutes ces paroles que le Seigneur a dites, nous les mettrons en pratique. » Moïse écrivit toutes les paroles du Seigneur. Il se leva de bon matin et il bâtit un autel au pied de la montagne, et il dressa douze pierres pour les douze tribus d'Israël. Puis il chargea quelques jeunes garçons parmi les fils d'Israël d'offrir des holocaustes, et d'immoler au Seigneur des taureaux en sacrifice de paix. Moïse

SAMEDI 24 JUILLET 2021

prit la moitié du sang et le mit dans des coupes ; puis il aspergea l'autel avec le reste du sang. Il prit le livre de l'Alliance et en fit la lecture au peuple. Celui-ci répondit : « Tout ce que le Seigneur a dit, nous le mettrons en pratique, nous y obéirons. » Moïse prit le sang, en aspergea le peuple, et dit : « Voici le sang de l'Alliance que, sur la base de toutes ces paroles, le Seigneur a conclue avec vous. »
– Parole du Seigneur.

Psaume 49 (50)

℟ *Offre à Dieu le sacrifice d'action de grâce.*

Le Dieu des dieux, le Seigneur,
parle et convoque la terre
du soleil levant jusqu'au soleil couchant.
De Sion, belle entre toutes,
    Dieu resplendit. ℟

« Assemblez, devant moi, mes fidèles,
eux qui scellent d'un sacrifice mon alliance. »
Et les cieux proclament sa justice :
oui, le juge, c'est Dieu ! ℟

« Offre à Dieu le sacrifice d'action de grâce,
accomplis tes vœux envers le Très-Haut.
Invoque-moi au jour de détresse :
je te délivrerai, et tu me rendras gloire. » ℟

SAMEDI 24 JUILLET 2021

Acclamation de l'Évangile
Alléluia. Alléluia. Accueillez dans la douceur la Parole semée en nous : c'est elle qui peut vous sauver. **Alléluia.**

Évangile de Jésus Christ
selon saint Matthieu (13, 24-30)

« Laissez-les pousser ensemble jusqu'à la moisson »

En ce temps-là, Jésus proposa aux foules une autre parabole : « Le royaume des Cieux est comparable à un homme qui a semé du bon grain dans son champ. Or, pendant que les gens dormaient, son ennemi survint ; il sema de l'ivraie au milieu du blé et s'en alla. Quand la tige poussa et produisit l'épi, alors l'ivraie apparut aussi. Les serviteurs du maître vinrent lui dire : "Seigneur, n'est-ce pas du bon grain que tu as semé dans ton champ ? D'où vient donc qu'il y a de l'ivraie ?" Il leur dit : "C'est un ennemi qui a fait cela." Les serviteurs lui disent : "Veux-tu donc que nous allions l'enlever ?" Il répond : "Non, en enlevant l'ivraie, vous risquez d'arracher le blé en même temps. Laissez-les pousser ensemble jusqu'à la moisson ; et, au temps de la moisson, je dirai aux moissonneurs : Enlevez d'abord l'ivraie, liez-la en bottes pour la brûler ; quant au blé, ramassez-le pour le rentrer dans mon grenier." »

Prière sur les offrandes
Accorde-nous, Seigneur, de te servir à cet autel en toute liberté d'esprit ; ainsi ta grâce pourra nous purifier dans le mystère que nous célébrons. Par Jésus… **—Amen.**

SAMEDI 24 JUILLET 2021

Antienne de la communion
Le Seigneur veille sur ceux qui le craignent, sur ceux qui espèrent son amour, pour les préserver de la mort, les garder en vie aux jours de famine. (Ps 32, 18-19)
OU
Le Fils de l'homme est venu pour servir et donner sa vie en rançon pour la multitude. (cf. Mc 10, 45)

Prière après la communion
Seigneur, fais-nous trouver des forces neuves dans cette communion aux réalités du ciel : assure-nous tes bienfaits ici-bas et instruis-nous des richesses de ton Royaume. Par Jésus… — **Amen.**

INVITATION

En cette fête de Charbel Makhlouf, je pourrais contribuer à aider le peuple libanais, à travers un don à L'Œuvre d'Orient ou à Caritas Liban, par exemple.

COMMENTAIRE

Obéir, c'est écouter   Exode 24, 3-8

« Tout ce que le Seigneur a dit, nous le mettrons en pratique, nous y obéirons. » En hébreu, le verbe écouter peut se traduire par obéir, mais toute une tradition d'interprétation préfère opter pour « nous l'écouterons ». Nous pouvons découvrir que la mise en pratique nous ouvre à une écoute plus profonde de la Parole. Car celle-ci porte en elle des potentialités qui ne sont pas à notre mesure humaine. Alors sachons la vivre sans la maîtriser entièrement. ■   *Sœur Emmanuelle Billoteau, ermite*

SAMEDI 24 JUILLET 2021

Saint Charbel Makhlouf

Couleur liturgique : blanc

1828-1898. Moine, prêtre et ermite libanais, très cher au cœur des chrétiens maronites. Canonisé en 1977 par Paul VI.

Antienne d'ouverture
Saint Charbel Makhlouf a reçu la bénédiction du Seigneur : il a trouvé grâce devant Dieu son Sauveur : car il appartient à la race de ceux qui cherchent Dieu.
(cf. Ps 23, 5-6)

Prière
Seigneur Dieu, tu as appelé le prêtre saint Charbel au combat singulier du désert, et tu l'as comblé de multiples dons spirituels ; nous t'en supplions : donne-nous d'imiter le Seigneur en sa Passion et d'avoir part à son Royaume. Lui qui règne… — ***Amen.***

Prière sur les offrandes
Accepte, Seigneur, comme un hommage de tes serviteurs l'offrande que nous déposons sur ton autel en cette fête de saint Charbel Makhlouf ; permets qu'en nous détachant des biens de la terre, nous n'ayons d'autres richesses que toi. Par Jésus… — ***Amen.***

Antienne de la communion
Goûtez et voyez
comme est bon le Seigneur,
heureux qui trouve en lui son refuge.
(Ps 33, 9)

Prière après la communion
Par la puissance de cette communion, Seigneur, conduis-nous toujours dans la voie de ton amour, comme tu fis pour saint Charbel Makhlouf ; l'œuvre de salut que tu as entreprise en nous, poursuis-la jusqu'au jour du Christ. Lui qui… — ***Amen.***

DIMANCHE 25 JUILLET 2021
17ᴱ DIMANCHE DU TEMPS ORDINAIRE
ANNÉE B COULEUR LITURGIQUE : VERT

« Jésus prit les pains et, après avoir rendu grâce, il les distribua aux convives. » Jean 6, 11

© Johan Papin

Supportons-nous, et partageons. Alors, le Seigneur fait merveille. Il nous demande seulement de lui faire confiance : croire qu'il fait de nous un seul corps, et lui offrir le peu que nous avons. C'est à partir de nos consentements à son amour qu'il fait des miracles : celui de nourrir la foule, celui de bâtir son Royaume. Prenons ce risque de l'amour !

DIMANCHE 25 JUILLET 2021

OUVERTURE DE LA CÉLÉBRATION

Chant d'entrée (Suggestions p. 241)
OU
Antienne d'ouverture
Adorons Dieu dans sa sainte demeure ;
il fait habiter les siens tous ensemble dans sa maison ;
c'est lui qui donne force et puissance à son peuple. (Ps 67, 6-7. 36)

Suggestion de préparation pénitentielle (ou p. 215)
« Un seul Seigneur, une seule foi, un seul baptême. » Tel est notre salut en Jésus Christ. Ouvrons nos cœurs à sa miséricorde.

Seigneur Jésus, tu es notre espérance et notre paix. Viens habiter nos cœurs. Kyrie eleison.
— ***Kyrie eleison.***
Ô Christ, tu es le pain qui nous fait vivre. Viens rassasier nos cœurs. Christe eleison.
— ***Christe eleison.***
Seigneur, tu es la gloire qui nous est promise. Viens éclairer nos cœurs. Kyrie eleison.
— ***Kyrie eleison.***
Que Dieu tout-puissant nous fasse miséricorde ; qu'il nous pardonne nos péchés et nous conduise à la vie éternelle. — ***Amen.***

DIMANCHE 25 JUILLET 2021

Gloire à Dieu (p. 216)

Prière
Tu protèges, Seigneur, ceux qui comptent sur toi ; sans toi rien n'est fort et rien n'est saint : multiplie pour nous tes gestes de miséricorde afin que, sous ta conduite, en faisant un bon usage des biens qui passent, nous puissions déjà nous attacher à ceux qui demeurent. Par Jésus Christ… — **Amen.**

LITURGIE DE LA PAROLE

Lecture du deuxième livre des Rois (4, 42-44)

« On mangera, et il en restera »

En ces jours-là, un homme vint de Baal-Shalisha et, prenant sur la récolte nouvelle, il apporta à Élisée, l'homme de Dieu, vingt pains d'orge et du grain frais dans un sac. Élisée dit alors : « Donne-le à tous ces gens pour qu'ils mangent. » Son serviteur répondit : « Comment donner cela à cent personnes ? » Élisée reprit : « Donne-le à tous ces gens pour qu'ils mangent, car ainsi parle le Seigneur : "On mangera, et il en restera." » Alors, il le leur donna, ils mangèrent, et il en resta, selon la parole du Seigneur.
– Parole du Seigneur.

DIMANCHE 25 JUILLET 2021

Psaume 144 (145)

℟ *Tu ouvres la main, Seigneur : nous voici rassasiés.*

T. : AELF ; M. : A. Gouzes ; Éd. : Bayard.

Que tes œuvres, Seigneur, te rendent grâce
et que tes fidèles te bénissent !
Ils diront la gloire de ton règne,
ils parleront de tes exploits. ℟

Les yeux sur toi, tous, ils espèrent :
tu leur donnes la nourriture au temps voulu ;
tu ouvres ta main :
tu rassasies avec bonté tout ce qui vit. ℟

Le Seigneur est juste en toutes ses voies,
fidèle en tout ce qu'il fait.
Il est proche de ceux qui l'invoquent,
de tous ceux qui l'invoquent en vérité. ℟

Retrouvez
ce psaume sur le CD
"Les psaumes
de l'année B"

DIMANCHE 25 JUILLET 2021

Lecture de la lettre de saint Paul apôtre aux Éphésiens (4, 1-6)
« Un seul Corps, un seul Seigneur, une seule foi, un seul baptême »

Frères, moi qui suis en prison à cause du Seigneur, je vous exhorte à vous conduire d'une manière digne de votre vocation : ayez beaucoup d'humilité, de douceur et de patience, supportez-vous les uns les autres avec amour ; ayez soin de garder l'unité dans l'Esprit par le lien de la paix. Comme votre vocation vous a tous appelés à une seule espérance, de même il y a un seul Corps et un seul Esprit. Il y a un seul Seigneur, une seule foi, un seul baptême, un seul Dieu et Père de tous, au-dessus de tous, par tous, et en tous.
– Parole du Seigneur.

DIMANCHE 25 JUILLET 2021

Acclamation de l'Évangile

Alléluia. Alléluia. Un grand prophète s'est levé parmi nous, et Dieu a visité son peuple. **Alléluia.**

U 36-78 Bayard Liturgie; M. : J.-J. Roux; Psalmodie: M. Wackenheim.

Évangile de Jésus Christ selon saint Jean (6, 1-15)

« Il distribua les pains aux convives, autant qu'ils en voulaient »

En ce temps-là, Jésus passa de l'autre côté de la mer de Galilée, le lac de Tibériade. Une grande foule le suivait, parce qu'elle avait vu les signes qu'il accomplissait sur les malades. Jésus gravit la montagne, et là, il était assis avec ses disciples. Or, la Pâque, la fête des Juifs, était proche. Jésus leva les yeux et vit qu'une foule

DIMANCHE 25 JUILLET 2021

nombreuse venait à lui. Il dit à Philippe : « Où pourrions-nous acheter du pain pour qu'ils aient à manger ? » Il disait cela pour le mettre à l'épreuve, car il savait bien, lui, ce qu'il allait faire. Philippe lui répondit : « Le salaire de deux cents journées ne suffirait pas pour que chacun reçoive un peu de pain. » Un de ses disciples, André, le frère de Simon-Pierre, lui dit : « Il y a là un jeune garçon qui a cinq pains d'orge et deux poissons, mais qu'est-ce que cela pour tant de monde ! » Jésus dit : « Faites asseoir les gens. » Il y avait beaucoup d'herbe à cet endroit. Ils s'assirent donc, au nombre d'environ cinq mille hommes. Alors Jésus prit les pains et, après avoir rendu grâce, il les distribua aux convives ; il leur donna aussi du poisson, autant qu'ils en voulaient. Quand ils eurent mangé à leur faim, il dit à ses disciples : « Rassemblez les morceaux en surplus, pour que rien ne se perde. » Ils les rassemblèrent, et ils remplirent douze paniers avec les morceaux des cinq pains d'orge, restés en surplus pour ceux qui prenaient cette nourriture.
À la vue du signe que Jésus avait accompli, les gens disaient : « C'est vraiment lui le Prophète annoncé, celui qui vient dans le monde. » Mais Jésus savait qu'ils allaient l'enlever pour faire de lui leur roi ; alors de nouveau il se retira dans la montagne, lui seul.

Homélie

Profession de foi (p. 217)

DIMANCHE 25 JUILLET 2021

Suggestion de prière universelle

Le prêtre :
Supplions Dieu notre Père, pour la mission, pour ceux qui souffrent, pour le monde entier.
℟ **Notre Père, notre Père, nous te supplions humblement.**

B 4 Chalet ; T. et M. : anonyme.

Le diacre ou un lecteur :

Aujourd'hui, l'Église célèbre la première Journée mondiale des personnes âgées et des grands-parents. Pour celles et ceux qui souffrent de solitude, prions d'un même cœur. ℟

Des populations entières sont victimes d'une mauvaise répartition des richesses de la Terre. Pour les dirigeants du monde appelés à servir la justice, prions d'un même cœur. ℟

Les chemins de Compostelle célèbrent cette année une année jubilaire. Pour les pèlerins et ceux que la pandémie prive de ce pèlerinage, prions d'un même cœur. ℟

Saint Paul demande de faire de nos communautés chrétiennes

DIMANCHE 25 JUILLET 2021

des lieux de charité envers les plus pauvres. Pour notre assemblée invitée à grandir dans l'amour, et le service, prions d'un même cœur. ℟

(Ces intentions seront modifiées ou adaptées selon les circonstances.)

Le prêtre :
Dieu notre Père, puisque tu sauves tous les hommes en ton Fils, le seul Seigneur, accorde à tous nos frères la paix de ton amour. Par lui qui règne pour les siècles des siècles.
— **Amen.**

LITURGIE EUCHARISTIQUE

Prière sur les offrandes
Accepte, Seigneur, ces offrandes prélevées pour toi sur tes propres largesses ; que ces mystères très saints, où ta grâce opère avec puissance, sanctifient notre vie de tous les jours et nous conduisent aux joies éternelles. Par Jésus…
— **Amen.**

Prière eucharistique *(Préfaces des dimanches, p. 221)*

Chant de communion *(Suggestions p. 241)*
OU

DIMANCHE 25 JUILLET 2021

Antienne de la communion
Bénis le Seigneur, ô mon âme,
n'oublie aucun de ses bienfaits.
(Ps 102, 2)
OU
Heureux les miséricordieux : ils obtiendront miséricorde !
Heureux les cœurs purs : ils verront Dieu !
(Mt 5, 7-8)

Prière après la communion
Nous avons communié, Seigneur, à ce sacrement, mémorial de la passion de ton Fils ; fais servir à notre salut le don que lui-même nous a légué dans son immense amour. Lui qui... — *Amen.*

CONCLUSION DE LA CÉLÉBRATION

Bénédiction

Envoi

DIMANCHE 25 JUILLET 2021

COMMENTAIRE DU DIMANCHE
Père Pierre-Yves Pecqueux, eudiste

Pour qu'ils aient à manger

Manger, un souci bien ordinaire pour chacun au jour le jour. Souci qui habite la planète au long des siècles. Les famines traversent l'histoire de l'humanité et la prise de conscience de la faim dans le monde occupera les années 1960, notamment avec la création du Comité catholique contre la faim. Dans l'Église, la solidarité et l'appel au partage trouveront particulièrement leur place dans la période de Carême, avec une ouverture affirmée dans un engagement pour le développement de tout l'homme et de tous les hommes pour lutter contre la faim. L'évangile de ce jour nous fait entrer dans une dynamique nouvelle. La parole de Jésus rassemble des foules nombreuses qui ne se lassent pas de l'écouter, au point d'en oublier de manger. La parole est en soi une véritable nourriture. Mais dans

DIMANCHE 25 JUILLET 2021

son attention aux personnes, Jésus veut combler leur attente au-delà de ses paroles qui font vivre, et donner l'avant-signe du partage du pain qui prendra corps dans l'eucharistie. De ces cinq pains et ces deux poissons naîtra avec les apôtres une communauté du partage du pain qui célébrera toujours en mémoire du Seigneur. Le Covid-19 nous a peut-être privés de la messe comme il nous a privés des temps de rencontres et d'assemblée. On ne peut se satisfaire d'une situation durable liée à la pandémie. Il nous faut retrouver le temps du partage de la Parole et du pain, les temps de communion et de la solidarité. « Tu rassasies avec bonté tout ce qui vit » et nous en sommes les acteurs ! Quel défi !

Quelle relecture fais-je de ce temps de pandémie ?
Quels manques et quels appels ?

Aujourd'hui, comment est-ce que je me nourris de la parole de Dieu et quelle est ma faim du pain de vie ? ∎

DIMANCHE 25 JUILLET 2021

LIRE L'ÉVANGILE AVEC LES ENFANTS

CE QUE JE DÉCOUVRE

Jésus a multiplié ce qu'un jeune garçon
avait apporté : cinq pains et deux poissons.
Cet enfant, c'est chacun de nous :
**Jésus fait avec ce qu'on lui apporte,
ce qu'on lui offre, ce qu'on lui confie.**
Et, avec lui, ce n'est jamais perdu.
Au contraire, Jésus est tellement généreux
qu'il le multiplie, l'améliore, le rend parfait.

CE QUE JE VIS

As-tu déjà offert quelque chose
à quelqu'un ? Quoi ? À qui ?
Quel sentiment as-tu éprouvé ?
As-tu déjà offert quelque chose à Jésus ? Quoi ?
Quel sentiment as-tu éprouvé ?
**Dans ta prière, remercie Jésus
pour la joie qu'il met dans ton cœur.**

Texte : Frédéric Pascal. Illustrations : Marcelino Truong

DIMANCHE 25 JUILLET 2021

MÉDITATION BIBLIQUE
17ᵉ DIMANCHE DU TEMPS ORDINAIRE
Évangile selon saint Jean 6, 1-15

Dieu de la surabondance

La divinité et l'humanité de Jésus se disent tout ensemble. Si le Christ accomplit un signe qui manifeste sa divinité et fait écho aux merveilles de Dieu qui ont ponctué l'histoire d'Israël, il est aussi l'homme qui doit se retirer au désert pour échapper à la fascination du pouvoir.

Le temps de la préparation

« Seigneur, que tes fidèles te bénissent ! Tous, ils espèrent : tu leur donnes la nourriture au temps voulu » Ps 144 (145), 10. 15

Le temps de l'observation

Le cadre spatiotemporel est fixé dès l'abord, ainsi que l'intrigue : les protagonistes sont confrontés à un manque ou à un trop « peu » de nourriture qui va se transformer en « assez » et même en « surplus ». Voilà qui nous renvoie au livre des Rois, donné en première lecture, mais aussi à l'épisode de la manne (Ex 16). Dieu est du côté de la surabondance, mais il prévient aussi la démesure et la convoitise sans limite (Gn 2 et 3). Jésus est donc bien ce bon berger qui mène chacun ...

DIMANCHE 25 JUILLET 2021

...sur des prés d'herbe fraîche pour y refaire son âme (cf. Ps 22 [23], 2), avant de le remettre en chemin. Car la surabondance peut aliéner, comme en témoigne la réaction de la foule qui veut faire de Jésus son « roi » à la manière du monde : pour s'épargner le manque et les angoisses qui lui sont liées, pour s'adonner à un repos factice.

Le temps de la méditation

Jésus refuse cette investiture royale qui ne vient pas du Père. Nous avons ici la version johannique des récits synoptiques des tentations (Mt 4, 1-11 et Lc 4, 1-13). Jésus attend tout du Père, enseignant ses disciples à faire de même. Ce qui ne signifie pas abdiquer son humanité et ses capacités à « cultiver », à « faire croître », à « se multiplier », mais consiste à se libérer des fantasmes de toute-puissance, à consentir à l'alternance du rassasiement et de la faim, et donc aux limites et aux manques qui constituent notre condition humaine. Il s'agit de devenir pleinement hommes et femmes dans l'action de grâce pour les dons reçus, dans le partage, la non-appropriation des biens matériels ou des personnes. Car c'est de sa pauvreté que le Christ est venu nous enrichir (2 Co 8, 9), une pauvreté qui est de se recevoir et de se donner. Alors, oui, notre coupe sera débordante comme le chante le psalmiste : débordante de la joie de recevoir et de donner sans mesquinerie, débordante d'une joie ancrée dans la confiance que ce que Dieu a promis, il l'accomplira.

Le temps de la prière

« Le Seigneur est mon berger, je ne manque de rien » Ps 22 (23), 1 ■

Sœur Emmanuelle Billoteau,
ermite

DIMANCHE 25 JUILLET 2021

L'ÉVÉNEMENT
2021, ANNÉE JACQUAIRE

Un chemin de rencontres

En cette année jacquaire, qui culmine à la Saint-Jacques ce dimanche, des pèlerins témoignent de leur enthousiasme des chemins.

« On rencontre des Brésiliens, des Japonais, des Coréens, des Sud-Africains… » Assidue des chemins de Saint-Jacques, Joëlle, à la retraite, est surprise par le nombre croissant des pèlerins, environ trois-cents mille par an, contre vingt-cinq mille il y a un quart de siècle : « C'est un chemin de rencontres, vous croisez des gens à l'état brut, en dehors de tout contexte social. Alors, des confidences peuvent s'échanger et c'est tellement extraordinaire qu'on a besoin de …

La porte sainte de la cathédrale Saint-Jacques de Compostelle (Espagne).

DIMANCHE 25 JUILLET 2021

… repartir. » Revenir, et apporter sa pierre aux sentiers. Comme l'association Militia Christi qui assure, dans quatre églises de Haute-Loire, un accueil spirituel : liturgie des heures, messe quotidienne et accueil pour les quatre à huit mille pèlerins annuels. La marche n'est pas le seul effort sur le chemin, comme le constate Brigitte, qui fait de l'accueil en gîtes dix jours par an : « Je dois gérer ma solitude, les faux pèlerins, mais il m'apparaît normal de me mettre au service du chemin qui m'a tant apporté. » À l'arrivée à Saint-Jacques, l'association Webcompostella assure depuis cinq ans un accueil spirituel pour les pèlerins français : visite des façades de la cathédrale, relecture du parcours et photos. « Celles-ci sont envoyées ensuite à chaque pèlerin, explique Daniel Ragot, président de l'association, mais aussi à des communautés en France, qui s'engagent à prier pour les pèlerins durant quinze jours. » ■

P. Thibault Van Den Driessche,
assomptionniste

REPÈRES

L'année jacquaire est une année jubilaire, lorsque la fête de saint Jacques tombe, comme cette année, un dimanche. En raison de la crise sanitaire, elle sera prolongée en 2022.

De nombreuses associations, chrétiennes ou non, accompagnent les pèlerins. Parmi elles, Webcompostella, présidée par Mgr Bernard Aillet, fédère la majorité des associations diocésaines de France.

www.webcompostella.com

LUNDI 26 JUILLET 2021
17ᵉ SEMAINE DU TEMPS ORDINAIRE COULEUR LITURGIQUE : BLANC

Sainte Anne et saint Joachim

Selon la Tradition, Anne et Joachim furent les parents de la Vierge Marie. Leurs noms furent mentionnés pour la première fois dans le Protévangile de Jacques (IIᵉ siècle).

Antienne d'ouverture
Fêtons Anne et Joachim, les parents de la Mère de Dieu, par eux nous est venue la bénédiction promise à tous les peuples.

Prière
Seigneur, toi qui es le Dieu de nos pères, tu as donné à sainte Anne et à saint Joachim de mettre au monde celle qui deviendrait la mère de ton Fils ; accordenous, à leur commune prière, le salut que tu as promis à ton peuple. Par Jésus Christ… — **Amen.**

Lecture
du livre de l'Exode (32, 15-24. 30-34)

« Ce peuple a commis un grand péché : ils se sont fait des dieux en or »

En ces jours-là, Moïse redescendit de la montagne. Il portait les deux tables du Témoignage ; ces tables étaient écrites sur les deux faces ; elles étaient l'œuvre de Dieu, et l'écriture, c'était l'écriture de Dieu, gravée sur ces tables. Josué entendit le bruit et le tumulte du peuple et dit à Moïse : « Bruit de bataille dans le camp. » Moïse répliqua : « Ces bruits, ce ne sont pas des chants de victoire ni de défaite ; ce que j'entends, ce sont des cantiques qui se répondent. » Comme il approchait du camp, il

LUNDI 26 JUILLET 2021

aperçut le veau et les danses. Il s'enflamma de colère, il jeta les tables qu'il portait, et les brisa au bas de la montagne. Il se saisit du veau qu'ils avaient fait, le brûla, le réduisit en poussière, qu'il répandit à la surface de l'eau. Et cette eau, il la fit boire aux fils d'Israël. Moïse dit à Aaron : « Qu'est-ce que ce peuple t'avait donc fait, pour que tu l'aies entraîné dans un si grand péché ? » Aaron répondit : « Que mon seigneur ne s'enflamme pas de colère ! Tu sais bien que ce peuple est porté au mal ! C'est eux qui m'ont dit : "Fais-nous des dieux qui marchent devant nous. Car ce Moïse, l'homme qui nous a fait monter du pays d'Égypte, nous ne savons pas ce qui lui est arrivé." Je leur ai dit : "Ceux d'entre vous qui ont de l'or, qu'ils s'en dépouillent." Ils me l'ont donné, je l'ai jeté au feu, et il en est sorti ce veau. »

Le lendemain, Moïse dit au peuple : « Vous avez commis un grand péché. Maintenant, je vais monter vers le Seigneur. Peut-être obtiendrai-je la rémission de votre péché. » Moïse retourna vers le Seigneur et lui dit : « Hélas ! Ce peuple a commis un grand péché : ils se sont fait des dieux en or. Ah, si tu voulais enlever leur péché ! Ou alors, efface-moi de ton livre, celui que tu as écrit. » Le Seigneur répondit à Moïse : « Celui que j'effacerai de mon livre, c'est celui qui a péché contre moi. Va donc, conduis le peuple vers le lieu que je t'ai indiqué, et mon ange ira devant toi. Le jour où j'interviendrai, je les punirai de leur péché. »

– Parole du Seigneur.

LUNDI 26 JUILLET 2021

Psaume 105 (106)
℟ *Rendez grâce au Seigneur : Il est bon ! Éternel est son amour !*
OU
Alléluia !

À l'Horeb ils fabriquent un veau,
ils adorent un objet en métal :
ils échangeaient ce qui était leur gloire
pour l'image d'un taureau, d'un ruminant. ℟

Ils oublient le Dieu qui les sauve,
qui a fait des prodiges en Égypte,
des miracles au pays de Cham,
des actions terrifiantes sur la mer Rouge. ℟

Dieu a décidé de les détruire.
C'est alors que Moïse, son élu,
surgit sur la brèche, devant lui,
pour empêcher que sa fureur les extermine. ℟

Acclamation de l'Évangile
Alléluia. Alléluia. Le Père a voulu nous engendrer par sa parole de vérité, pour faire de nous comme les prémices de ses créatures. *Alléluia.*

25 - 31

LUNDI 26 JUILLET 2021

Évangile de Jésus Christ
selon saint Matthieu (13, 31-35)

« La graine de moutarde devient un arbre, si bien que les oiseaux du ciel font leurs nids dans ses branches »

En ce temps-là, Jésus proposa aux foules une autre parabole : « Le royaume des Cieux est comparable à une graine de moutarde qu'un homme a prise et qu'il a semée dans son champ. C'est la plus petite de toutes les semences, mais, quand elle a poussé, elle dépasse les autres plantes potagères et devient un arbre, si bien que les oiseaux du ciel viennent et font leurs nids dans ses branches. » Il leur dit une autre parabole : « Le royaume des Cieux est comparable au levain qu'une femme a pris et qu'elle a enfoui dans trois mesures de farine, jusqu'à ce que toute la pâte ait levé. » Tout cela, Jésus le dit aux foules en paraboles, et il ne leur disait rien sans parabole, accomplissant ainsi la parole du prophète : *J'ouvrirai la bouche pour des paraboles, je publierai ce qui fut caché depuis la fondation du monde.*

Prière sur les offrandes
Nous t'en prions, Seigneur, accepte ce que nous t'offrons de grand cœur ; que nous ayons part à la bénédiction promise à Abraham et à sa descendance. Par Jésus… — **Amen.**

Préface des saints p. 224

LUNDI 26 JUILLET 2021

Antienne de la communion
Heureux les cœurs purs : ils ont reçu la bénédiction du Seigneur,
ils ont trouvé grâce devant Dieu, leur Sauveur.
(cf. Ps 23, 4. 5)

Prière après la communion
Tu as voulu, Seigneur, que ton Fils unique naisse d'une famille humaine, pour que les hommes, dans un admirable échange, renaissent de ta propre vie ; accorde à ceux que tu as nourris du pain de tes enfants d'être sanctifiés par ton esprit d'adoption. Par Jésus...
— *Amen.*

INVITATION

Je pourrais acheter quelques graines de moutarde et les offrir à mes enfants, petits-enfants, filleuls...

COMMENTAIRE

Un parfum de Royaume Matthieu 13, 31-35

La plus petite de toutes les semences, du levain dans une pâte à pain. Le royaume de Dieu prend chair de réalités bien modestes : la calme réponse donnée à un commercial nous importunant au téléphone, le sourire esquissé à ses enfants les jours de fatigue, la joyeuse visite à une voisine hospitalisée. Plus qu'un millilitre d'eau dans un vase, ces gestes d'amour sont pareils à quelques gouttes d'huiles essentielles embaumant une pièce entière. ■ *Père Thibault Van Den Driessche, assomptionniste*

MARDI 27 JUILLET 2021

17ᵉ SEMAINE DU TEMPS ORDINAIRE COULEUR LITURGIQUE : VERT

Temps ordinaire, *suggestion d'oraisons et d'antiennes n°30*

Antienne d'ouverture
**Soyez dans la joie,
vous qui cherchez Dieu.
Cherchez le Seigneur et sa force,
sans vous lasser, recherchez son visage.**
(Ps 104, 3-4)

Prière
Dieu éternel et tout-puissant, augmente en nous la foi, l'espérance et la charité ; et pour que nous puissions obtenir ce que tu promets, fais-nous aimer ce que tu commandes. Par Jésus Christ… — **Amen.**

Lecture
du livre de l'Exode (33, 7-11 ; 34, 5b-9. 28)

« Le Seigneur parlait avec Moïse face à face »

En ces jours-là, à chaque étape, pendant la marche au désert, Moïse prenait la Tente et la plantait hors du camp, à bonne distance. On l'appelait : tente de la Rencontre, et quiconque voulait consulter le Seigneur devait sortir hors du camp pour gagner la tente de la Rencontre. Quand Moïse sortait pour aller à la Tente, tout le peuple se levait.

MARDI 27 JUILLET 2021

Chacun se tenait à l'entrée de sa tente et suivait Moïse du regard jusqu'à ce qu'il soit entré. Au moment où Moïse entrait dans la Tente, la colonne de nuée descendait, se tenait à l'entrée de la Tente, et Dieu parlait avec Moïse. Tout le peuple voyait la colonne de nuée qui se tenait à l'entrée de la Tente, tous se levaient et se prosternaient, chacun devant sa tente. Le Seigneur parlait avec Moïse face à face, comme on parle d'homme à homme. Puis Moïse retournait dans le camp, mais son auxiliaire, le jeune Josué, fils de Noun, ne quittait pas l'intérieur de la Tente.

Le Seigneur proclama lui-même son nom qui est : Le Seigneur. Il passa devant Moïse et proclama : « Le Seigneur, Le Seigneur, Dieu tendre et miséricordieux, lent à la colère, plein d'amour et de vérité, qui garde sa fidélité jusqu'à la millième génération, supporte faute, transgression et péché, mais ne laisse rien passer, car il punit la faute des pères sur les fils et les petits-fils, jusqu'à la troisième et la quatrième génération. » Aussitôt Moïse s'inclina jusqu'à terre et se prosterna. Il dit : « S'il est vrai, mon Seigneur, que j'ai trouvé grâce à tes yeux, daigne marcher au milieu de nous. Oui, c'est un peuple à la nuque raide ; mais tu pardonneras nos fautes et nos péchés, et tu feras de nous ton héritage. » Moïse demeura sur le Sinaï avec le Seigneur quarante jours et quarante nuits ; il ne mangea pas de pain et ne but pas d'eau. Sur les tables de pierre, il écrivit les paroles de l'Alliance, les Dix Paroles.

– Parole du Seigneur.

MARDI 27 JUILLET 2021

Psaume 102 (103)

℟ **Le Seigneur est tendresse et pitié.**

Le Seigneur fait œuvre de justice,
il défend le droit des opprimés.
Il révèle ses desseins à Moïse,
aux enfants d'Israël ses hauts faits. ℟

Le Seigneur est tendresse et pitié,
lent à la colère et plein d'amour ;
il n'est pas pour toujours en procès,
ne maintient pas sans fin ses reproches. ℟

Il n'agit pas envers nous selon nos fautes,
ne nous rend pas selon nos offenses.
Comme le ciel domine la terre,
fort est son amour pour qui le craint. ℟

Aussi loin qu'est l'orient de l'occident,
il met loin de nous nos péchés ;
comme la tendresse du père pour ses fils,
la tendresse du Seigneur pour qui le craint ! ℟

Acclamation de l'Évangile

Alléluia. Alléluia. La semence est la parole de Dieu, le semeur est le Christ ; celui qui le trouve demeure pour toujours. ***Alléluia.***

Évangile de Jésus Christ

selon saint Matthieu (13, 36-43)

*« De même que l'on enlève l'ivraie pour la jeter au feu,
ainsi en sera-t-il à la fin du monde »*

En ce temps-là, laissant les foules, Jésus vint à la maison. Ses disciples s'approchèrent et lui dirent : « Explique-nous clairement la parabole de l'ivraie dans le champ. » Il leur répondit : « Celui qui sème le

MARDI 27 JUILLET 2021

bon grain, c'est le Fils de l'homme ; le champ, c'est le monde ; le bon grain, ce sont les fils du Royaume ; l'ivraie, ce sont les fils du Mauvais. L'ennemi qui l'a semée, c'est le diable ; la moisson, c'est la fin du monde ; les moissonneurs, ce sont les anges. De même que l'on enlève l'ivraie pour la jeter au feu, ainsi en sera-t-il à la fin du monde. Le Fils de l'homme enverra ses anges, et ils enlèveront de son Royaume toutes les causes de chute et ceux qui font le mal ; ils les jetteront dans la fournaise : là, il y aura des pleurs et des grincements de dents. Alors les justes resplendiront comme le soleil dans le royaume de leur Père.
« Celui qui a des oreilles, qu'il entende ! »

Prière sur les offrandes
Regarde les présents déposés devant toi, Seigneur notre Dieu : permets que notre célébration contribue d'abord à ta gloire. Par Jésus… — **Amen.**

Antienne de la communion
Joyeux d'être sauvés, nous acclamons le nom de notre Dieu.
(Ps 19, 6)
OU
Le Christ nous a aimés et s'est livré pour nous en offrant à Dieu le seul sacrifice qui soit digne de lui.
(Ep 5, 2)

Prière après la communion
Que tes sacrements, Seigneur, achèvent de produire en nous ce qu'ils signifient, afin que nous entrions un jour en pleine possession du mystère que nous célébrons dans ces rites. Par Jésus… — **Amen.**

MARDI 27 JUILLET 2021

INVITATION

Je réfléchis et pose un geste de sobriété aujourd'hui.
Ce sera mon offrande du jour.

COMMENTAIRE

Délicate patience

Matthieu 13, 36-43

Sur le champ du cœur humain, l'ivraie livre une bataille contre le bon grain. Une ivraie qu'on voudrait éradiquer au plus vite. Impatients, nous nous heurtons au Dieu dont la patience a ses raisons. Au lieu de risquer de bousculer un équilibre précaire, le Seigneur semble attendre que le bon grain de l'amour se fortifie, mûrisse et éloigne ainsi l'ivraie de l'orgueil et de l'égoïsme. Le Seigneur attend, non sans prodiguer la lumière de sa force et l'eau de sa miséricorde. ∎

Père Thibault Van Den Driessche, assomptionniste

MERCREDI 28 JUILLET 2021

17ᴱ SEMAINE DU TEMPS ORDINAIRE COULEUR LITURGIQUE : VERT

Temps ordinaire, *suggestion d'oraisons et d'antiennes n° 31*

Antienne d'ouverture
Ne m'abandonne pas, Seigneur, mon Dieu, ne reste pas loin de moi. Hâte-toi de venir à mon aide, toi, ma force et mon salut. (Ps 37, 22-23)

Prière
Dieu de puissance et de miséricorde, c'est ta grâce qui donne à tes fidèles de pouvoir dignement te servir ; accorde-nous de progresser sans que rien ne nous arrête vers les biens que tu promets. Par Jésus Christ… — ***Amen.***

Lecture
du livre de l'Exode (34, 29-35)

« Ils virent arriver Moïse : son visage rayonnait. Ils n'osaient pas s'approcher »

Lorsque Moïse descendit de la montagne du Sinaï, ayant en mains les deux tables du Témoignage, il ne savait pas que son visage rayonnait de lumière depuis qu'il avait parlé avec le Seigneur. Aaron et tous les fils d'Israël virent arriver Moïse : son visage rayonnait. Comme ils n'osaient pas s'approcher, Moïse les appela. Aaron et tous les chefs de la communauté vinrent alors vers lui, et il leur adressa la parole. Ensuite, tous les fils d'Israël s'approchèrent, et il leur transmit tous les ordres que le Seigneur lui avait donnés sur la montagne du

MERCREDI 28 JUILLET 2021

Sinaï. Quand il eut fini de leur parler, il mit un voile sur son visage. Et, lorsqu'il se présentait devant le Seigneur pour parler avec lui, il enlevait son voile jusqu'à ce qu'il soit sorti. Alors, il transmettait aux fils d'Israël les ordres qu'il avait reçus, et les fils d'Israël voyaient rayonner son visage. Puis il remettait le voile sur son visage jusqu'à ce qu'il rentre pour parler avec le Seigneur.
– Parole du Seigneur.

Psaume 98 (99)
℟ *Tu es saint, Seigneur notre Dieu !*

Exaltez le Seigneur notre Dieu,
prosternez-vous au pied de son trône,
car il est saint ! ℟

Moïse et le prêtre Aaron, Samuel, le Suppliant,
tous, ils suppliaient le Seigneur,
et lui leur répondait. ℟

Dans la colonne de nuée, il parlait avec eux ;
ils ont gardé ses volontés,
les lois qu'il leur donna. ℟

Exaltez le Seigneur notre Dieu,
prosternez-vous devant sa sainte montagne,
car il est saint, le Seigneur notre Dieu. ℟

Acclamation de l'Évangile
Alléluia. Alléluia. Je vous appelle mes amis, dit le Seigneur, car tout ce que j'ai entendu de mon Père, je vous l'ai fait connaître. *Alléluia.*

MERCREDI 28 JUILLET 2021

Évangile de Jésus Christ
selon saint Matthieu (13, 44-46)

« Il va vendre tout ce qu'il possède, et il achète ce champ »

En ce temps-là, Jésus disait aux foules : « Le royaume des Cieux est comparable à un trésor caché dans un champ ; l'homme qui l'a découvert le cache de nouveau. Dans sa joie, il va vendre tout ce qu'il possède, et il achète ce champ. Ou encore : Le royaume des Cieux est comparable à un négociant qui recherche des perles fines. Ayant trouvé une perle de grande valeur, il va vendre tout ce qu'il possède, et il achète la perle. »

Prière sur les offrandes
Seigneur, que cette eucharistie soit pour toi une offrande pure, et pour nous, le don généreux de ta miséricorde. Par Jésus… — *Amen.*

Antienne de la communion
Tu m'as montré, Seigneur, la route de la vie, tu m'as rempli de joie par ta présence. (Ps 15, 11)
OU
« De même que le Père, qui est la vie, m'a envoyé, et que moi, je vis par le Père, dit le Seigneur, de même aussi celui qui me mange vivra par moi. » (Jn 6, 57)

Prière après la communion
De plus en plus, Seigneur, exerce en nous ta puissance : afin que, fortifiés par tes sacrements, nous devenions capables, avec ta grâce, d'entrer en possession des biens qu'ils promettent. Par Jésus… — *Amen.*

MERCREDI 28 JUILLET 2021

INVITATION
Je peux prendre le temps d'une lecture spirituelle, comme la vie d'un saint, une lettre du pape, une publication de nos évêques.

COMMENTAIRE

Témoins de la joie
Matthieu 13, 44-46

La joie : le moteur de l'homme de la parabole pour vendre tous ses biens. Car il a trouvé mieux. La joie d'un formidable trésor le porte, l'emporte, il jubile. Dans l'Évangile, les témoins de la joie abondent. Marie, Élisabeth, les anges de Bethléem, Jean Baptiste, Zachée, et Jésus lui-même. Lui qui « exulta de joie sous l'action de l'Esprit Saint » (Lc 10, 21), nous promet la joie, même dans les difficultés : « Vous serez dans la peine, mais votre peine se changera en joie » (Jn 16, 20). Quelle est notre joie ? Quel est notre trésor ? ∎

Père Thibault Van Den Driessche, assomptionniste

JEUDI 29 JUILLET 2021

17ᴱ SEMAINE DU TEMPS ORDINAIRE COULEUR LITURGIQUE : BLANC

Saintes Marthe, Marie et saint Lazare
Iᵉʳ siècle. Les noms de Marthe, Lazare et Marie de Béthanie évoquent cette famille amie où Jésus se sentait si bien accueilli.

Antienne d'ouverture
**Jésus entra dans un village.
Une femme appelée Marthe le reçut dans sa maison.**
(cf. Lc 10, 38)

Prière
Seigneur Dieu, ton Fils rappela à la vie Lazare qui gisait dans le tombeau et il accepta l'hospitalité que Marthe lui offrait dans sa maison ; nous t'en prions, accorde-nous d'être fidèles à servir le Christ en nos frères et, avec Marie, de méditer sa parole qui est nourriture. Lui qui vit et règne avec toi dans l'unité du Saint-Esprit, Dieu, pour les siècles des siècles. — **Amen.**

Lectures propres à la mémoire de saintes Marthe, Marie et saint Lazare.

Lecture
de la première lettre de saint Jean (4, 7-16)

« Si nous nous aimons les uns les autres, Dieu demeure en nous »

Bien-aimés, aimons-nous les uns les autres, puisque l'amour vient de Dieu. Celui qui aime est né de Dieu et connaît Dieu. Celui qui n'aime pas n'a pas connu Dieu, car Dieu est amour. Voici comment l'amour de Dieu s'est manifesté parmi nous : Dieu a envoyé son Fils unique dans le monde pour

JEUDI 29 JUILLET 2021

que nous vivions par lui. Voici en quoi consiste l'amour : ce n'est pas nous qui avons aimé Dieu, mais c'est lui qui nous a aimés, et il a envoyé son Fils en sacrifice de pardon* pour nos péchés. Bien-aimés, puisque Dieu nous a tellement aimés, nous devons, nous aussi, nous aimer les uns les autres. Dieu, personne ne l'a jamais vu. Mais si nous nous aimons les uns les autres, Dieu demeure en nous, et, en nous, son amour atteint la perfection. Voici comment nous reconnaissons que nous demeurons en lui et lui en nous : il nous a donné part à son Esprit. Quant à nous, nous avons vu et nous attestons que le Père a envoyé son Fils comme Sauveur du monde.

Celui qui proclame que Jésus est le Fils de Dieu, Dieu demeure en lui, et lui en Dieu. Et nous, nous avons reconnu l'amour que Dieu a pour nous, et nous y avons cru. Dieu est amour : qui demeure dans l'amour demeure en Dieu, et Dieu demeure en lui. – Parole du Seigneur.

Psaume 33 (34)

℟ **Je bénirai le Seigneur en tout temps.**
OU : **Goûtez et voyez comme est bon le Seigneur.**

Je bénirai le Seigneur en tout temps,
sa louange sans cesse à mes lèvres.
Je me glorifierai dans le Seigneur :
que les pauvres m'entendent
et soient en fête ! ℟

Magnifiez avec moi le Seigneur,
exaltons tous ensemble son nom.
Je cherche le Seigneur, il me répond :
de toutes mes frayeurs, il me délivre. ℟

JEUDI 29 JUILLET 2021

Qui regarde vers lui resplendira,
sans ombre ni trouble au visage.
Un pauvre crie ; le Seigneur entend :
il le sauve de toutes ses angoisses. ℟

L'ange du Seigneur campe alentour
pour libérer ceux qui le craignent.
Goûtez et voyez : le Seigneur est bon !
Heureux qui trouve en lui son refuge ! ℟

Saints du Seigneur, adorez-le :
rien ne manque à ceux qui le craignent.
Des riches ont tout perdu, ils ont faim ;
qui cherche le Seigneur ne manquera
 d'aucun bien. ℟

Acclamation de l'Évangile

Alléluia. Alléluia. Moi, je suis la lumière du monde, dit le Seigneur. Celui qui me suit aura la lumière de la vie. ***Alléluia.***

Évangile de Jésus Christ

selon saint Luc (10, 38-42)

« Marthe, Marthe, tu te donnes du souci et tu t'agites pour bien des choses »

En ce temps-là, Jésus entra dans un village. Une femme nommée Marthe le reçut. Elle avait une sœur appelée Marie qui, s'étant assise aux pieds du Seigneur, écoutait sa parole. Quant à Marthe, elle était accaparée par les multiples occupations du service. Elle intervint et dit : « Seigneur, cela ne te fait rien que ma sœur m'ait laissé faire seule le service ? Dis-lui donc de m'aider. » Le Seigneur lui répondit : « Marthe, Marthe, tu te

JEUDI 29 JUILLET 2021

donnes du souci et tu t'agites pour bien des choses. Une seule est nécessaire. Marie a choisi la meilleure part, elle ne lui sera pas enlevée. »

On peut aussi lire Jean 11, 19-27.

Prière sur les offrandes
Nous proclamons tes merveilles, accomplies pour tes bienheureux amis, Seigneur, Dieu de majesté, et nous te supplions humblement : toi qui appréciais le dévouement de leur charité, accepte l'hommage de notre service. Par le Christ, notre Seigneur. — ***Amen.***

Antienne de la communion
Marthe dit à Jésus : « Tu es le Christ,
le Fils du Dieu vivant,
celui qui vient dans le monde. »
(Jn 11, 27)

Prière après la communion
Seigneur, que la communion au Corps et au Sang de ton Fils unique nous détache des réalités passagères ; ainsi nous serons capables, à l'exemple des bienheureux Marthe, Marie et Lazare de te servir sur la terre par une vraie charité et de connaître au ciel la joie de te contempler sans fin. Par le Christ, notre Seigneur. — ***Amen.***

INVITATION
Cette année, Marthe, Marie et Lazare sont célébrés ensemble pour la première fois. Je rends grâce pour les fratries qui me sont chères.

JEUDI 29 JUILLET 2021

COMMENTAIRE

Pleine conscience spirituelle Luc 10, 38-42

Inspirer profondément, expirer, nous arrêter, ne fût-ce qu'une minute de temps à autre, le temps de nous recentrer. La psychologie positive abonde en conseils efficaces pour endiguer notre « syndrome de Marthe », notre activisme. Et si nous tirions parti de ces pauses de calme, non seulement pour nous reconnecter à nous-mêmes, mais aussi pour prendre pleinement conscience de l'amour de Dieu pour nous ? Par de courtes prières calées sur notre respiration, nous nous relions ainsi à lui. ■

Père Thibault Van Den Driessche, assomptionniste

✷ CLÉ DE LECTURE

« En sacrifice de pardon » 1 Jean 4, 10 *(p. 200)*

Le terme grec employé « hilasmos » vient du livre du Lévitique où il désigne le jour du Kippour, jour du Grand Pardon (Lv 25, 9). Il ne s'agit pas du sacrifice, mais de l'ensemble d'une fête durant laquelle le peuple se repent et demande à Dieu de rétablir l'Alliance que ses péchés ont rompue. Le « propitiatoire » ou couvercle de l'arche, porte un nom dérivé (« hilastèrion ») : il représente le lieu de la présence de Dieu au milieu du peuple. Le sang d'une bête abattue est projeté sur le peuple et sur le propitiatoire, pour signifier que la vie (« le sang ») donnée par Dieu lui est rendue, pour qu'il la rende, réconciliée. Alors commence une année où toutes choses sont nouvelles. Ce que la vie de Jésus donnée par amour et ressuscitée a réalisé définitivement pour nous. ■

Roselyne Dupont-Roc, bibliste

PRIONS EN ÉGLISE **203**

VENDREDI 30 JUILLET 2021

17ᵉ SEMAINE DU TEMPS ORDINAIRE COULEUR LITURGIQUE : VERT

Temps ordinaire, *suggestion d'oraisons et d'antiennes n° 32*
ou saint Pierre Chrysologue

Antienne d'ouverture
Seigneur, mon Dieu et mon salut, que ma prière parvienne jusqu'à toi ; entends-moi qui t'implore. (Ps 87, 2-3)

Prière
Dieu qui es bon et tout-puissant, éloigne de nous tout ce qui nous arrête, afin que sans aucune entrave, ni d'esprit ni de corps, nous soyons libres pour accomplir ta volonté. Par Jésus Christ… — **Amen.**

Lecture
du livre des Lévites (23, 1. 4-11. 15-16. 27. 34b-37)

« Voici les solennités du Seigneur, les assemblées saintes »

Le Seigneur parla à Moïse et dit : « Voici les solennités du Seigneur, les assemblées saintes* auxquelles vous convoquerez, aux dates fixées, les fils d'Israël. Le premier mois, le quatorze du mois, au coucher du soleil, ce sera la Pâque en l'honneur du Seigneur. Le quinzième jour de ce même mois, ce sera la fête des Pains sans levain en l'honneur du Seigneur : pendant sept jours, vous mangerez des pains sans levain. Le premier jour, vous tiendrez une assemblée sainte et vous ne ferez aucun travail, aucun ouvrage. Pendant sept jours, vous présenterez de la nourriture offerte pour

VENDREDI 30 JUILLET 2021

le Seigneur. Le septième jour, vous aurez une assemblée sainte et vous ne ferez aucun travail, aucun ouvrage. » Le Seigneur parla à Moïse et dit : « Parle aux fils d'Israël. Tu leur diras : Quand vous serez entrés dans le pays que je vous donne, et que vous y ferez la moisson, vous apporterez au prêtre la première gerbe de votre moisson. Il la présentera au Seigneur en faisant le geste d'élévation pour que vous soyez agréés. C'est le lendemain du sabbat que le prêtre fera cette présentation. À partir du lendemain du sabbat, jour où vous aurez apporté votre gerbe avec le geste d'élévation, vous compterez sept semaines entières. Le lendemain du septième sabbat, ce qui fera cinquante jours, vous présenterez au Seigneur une nouvelle offrande.

C'est le dixième jour du septième mois qui sera le jour du Grand Pardon. Vous tiendrez une assemblée sainte, vous ferez pénitence, et vous présenterez de la nourriture offerte pour le Seigneur. À partir du quinzième jour de ce septième mois, ce sera pendant sept jours la fête des Tentes en l'honneur du Seigneur. Le premier jour, celui de l'assemblée sainte, vous ne ferez aucun travail, aucun ouvrage. Pendant sept jours, vous présenterez de la nourriture offerte pour le Seigneur. Le huitième jour, vous tiendrez une assemblée sainte, vous présenterez de la nourriture offerte pour le Seigneur : ce sera la clôture de la fête. Vous ne ferez aucun travail, aucun ouvrage.

Telles sont les solennités du Seigneur, les assemblées saintes auxquelles vous convoquerez les fils d'Israël, afin de présenter de la nourriture offerte pour le Seigneur, un holocauste et une offrande, un sacrifice et des libations, selon le rite propre à chaque jour. »

– Parole du Seigneur.

VENDREDI 30 JUILLET 2021

Psaume 80 (81)

℟ *Criez de joie pour Dieu, notre force !*

Jouez, musiques, frappez le tambourin,
la harpe et la cithare mélodieuse.
Sonnez du cor pour le mois nouveau,
quand revient le jour de notre fête. ℟

C'est là, pour Israël, une règle,
une ordonnance du Dieu de Jacob ;
il en fit, pour Joseph, une loi
quand il marcha contre la terre d'Égypte. ℟

« Tu n'auras pas chez toi d'autres dieux,
tu ne serviras aucun dieu étranger.
C'est moi, le Seigneur ton Dieu,
qui t'ai fait monter de la terre d'Égypte ! » ℟

Acclamation de l'Évangile

Alléluia. Alléluia. La parole du Seigneur demeure pour toujours ; c'est la Bonne Nouvelle qui vous a été annoncée. **Alléluia.**

Évangile de Jésus Christ

selon saint Matthieu (13, 54-58)

« N'est-il pas le fils du charpentier ? Alors, d'où lui vient tout cela ? »

En ce temps-là, Jésus se rendit dans son lieu d'origine, et il enseignait les gens dans leur synagogue, de telle manière qu'ils étaient frappés d'étonnement et disaient : « D'où lui viennent cette sagesse et ces miracles ? N'est-il pas le fils du charpentier ? Sa mère ne s'appelle-t-elle pas Marie, et ses frères : Jacques, Joseph, Simon et Jude ? Et ses sœurs ne sont-elles pas toutes chez nous ? Alors, d'où lui vient tout cela ? » Et ils étaient

VENDREDI 30 JUILLET 2021

profondément choqués à son sujet. Jésus leur dit : « Un prophète n'est méprisé que dans son pays et dans sa propre maison. » Et il ne fit pas beaucoup de miracles à cet endroit-là, à cause de leur manque de foi.

Prière sur les offrandes

Sur les offrandes que nous présentons, Seigneur, jette un regard de pardon et de paix : qu'en célébrant la passion de ton Fils, nous entrions de tout cœur dans son mystère. Lui qui… — *Amen.*

Antienne de la communion

Mon berger, c'est le Seigneur :
je ne manque de rien ; sur de frais pâturages, il me laisse reposer.
Il me mène auprès des eaux tranquilles et me fait revivre. (Ps 22, 1-2)
OU
Au soir de la Résurrection,
les disciples reconnurent le Seigneur quand il rompit le pain. (cf. Lc 24, 35)

Prière après la communion

Fortifiés par cette nourriture sainte, nous t'adressons, Seigneur, nos actions de grâce et nous implorons ta miséricorde : que l'Esprit Saint fasse persévérer dans la droiture ceux qui ont reçu la force d'en haut. Par Jésus… — *Amen.*

INVITATION

Y a-t-il, dans ma paroisse ou dans ma famille, des prophètes qui interrogent ma foi ?

VENDREDI 30 JUILLET 2021

COMMENTAIRE

Sagesse du charpentier — Matthieu 13, 54-58

« Ce n'est qu'un charpentier ! » Jésus est jugé par les siens et, au regard de sa profession, nulle sagesse ne peut émaner de lui. Bien évidemment, sa sagesse vient d'en haut. Pour autant, n'a-t-il pas reçu les conseils avisés de Joseph, tandis qu'ils sciaient le bois, le ponçaient, l'assemblaient ? Ce travail de patience et de précision, face à une matière qui résiste, n'est-il pas un premier pas vers la sagesse divine ? ■

Père Thibault Van Den Driessche, assomptionniste

✳ CLÉ DE LECTURE

« Les assemblées saintes » — Lévitique 23, 4 *(p. 204)*

Ce chapitre énumère les fêtes qui scandent le temps juif et qui ont reçu dans l'histoire d'Israël diverses significations fortes liées à l'Alliance. Les chrétiens les reprendront pour y lire l'alliance nouvelle en Jésus Christ. La Pâque et la fête des pains sans levain célèbrent le retour du peuple à la vie avec la première récolte de l'année, rappelant que toute vie et toute nourriture viennent de Dieu. La fête des Cinquante jours (en grec Pentecôte) est une vaste action de grâce pour les fruits de la terre. Enfin le Kippour, fête du pardon et de la réconciliation avec Dieu, est suivi de la fête des Tentes, à la fois fête des récoltes et rappel que, dans le désert, Dieu a sauvé son peuple de la mort. Le temps devient chemin de grâce et de louange. ■

Roselyne Dupont-Roc, bibliste

SAMEDI 31 JUILLET 2021

17ᵉ SEMAINE DU TEMPS ORDINAIRE COULEUR LITURGIQUE : BLANC

Saint Ignace de Loyola
1491-1556. Fondateur de la Compagnie de Jésus. Ses Exercices spirituels *tracent un chemin à qui veut consacrer sa vie à la gloire de Dieu. Canonisé en 1622.*

Antienne d'ouverture

Au nom de Jésus, que tout être vivant tombe à genoux, au ciel, sur terre et dans l'abîme, et que toute langue proclame : « Jésus Christ est le Seigneur », pour la gloire de Dieu le Père. (Ph 2, 10-11)

Prière

Pour ta plus grande gloire, Seigneur, tu as suscité dans ton Église saint Ignace de Loyola : permets qu'avec son aide et à son exemple, après avoir combattu sur la terre, nous partagions sa victoire dans le ciel. Par Jésus Christ… — **Amen.**

Lecture

du livre des Lévites (25, 1. 8-17)

« En cette année jubilaire, chacun de vous réintégrera sa propriété »

Le Seigneur parla à Moïse sur le mont Sinaï et dit : « Vous compterez sept semaines d'années, c'est-à-dire sept fois sept ans, soit quarante-neuf ans. Le septième mois, le dix du mois, en la fête du Grand Pardon, vous sonnerez du cor pour l'ovation ; ce jour-là, dans tout votre pays, vous sonnerez du cor. Vous ferez de la cinquantième année une année sainte, et vous proclamerez la libération pour tous les habitants du pays. Ce sera pour vous le jubilé : chacun de vous réintégrera sa propriété, chacun de vous retournera

SAMEDI 31 JUILLET 2021

dans son clan. Cette cinquantième année sera pour vous une année jubilaire : vous ne ferez pas les semailles, vous ne moissonnerez pas le grain qui aura poussé tout seul, vous ne vendangerez pas la vigne non taillée. Le jubilé sera pour vous chose sainte, vous mangerez ce qui pousse dans les champs. En cette année jubilaire, chacun de vous réintégrera sa propriété. Si, dans l'intervalle, tu dois vendre ou acheter, n'exploite pas ton compatriote. Quand tu achèteras à ton compatriote, tu tiendras compte des années écoulées depuis le jubilé ; celui qui vend tiendra compte des années qui restent à courir. Plus il restera d'années, plus tu augmenteras le prix ; moins il en restera, plus tu réduiras le prix, car la vente ne concerne que le nombre des récoltes. Tu n'exploiteras pas* ton compatriote, tu craindras ton Dieu. Je suis le Seigneur votre Dieu. »
– Parole du Seigneur.

Psaume 66 (67)

℟ *Que les peuples, Dieu, te rendent grâce ;*
qu'ils te rendent grâce tous ensemble !

Que Dieu nous prenne en grâce et nous bénisse,
que son visage s'illumine pour nous ;
et ton chemin sera connu sur la terre,
ton salut, parmi toutes les nations. ℟

Que les nations chantent leur joie,
car tu gouvernes le monde avec justice ;
tu gouvernes les peuples avec droiture,
sur la terre, tu conduis les nations. ℟

La terre a donné son fruit ;
Dieu, notre Dieu, nous bénit.
Que Dieu nous bénisse,
et que la terre tout entière l'adore ! ℟

SAMEDI 31 JUILLET 2021

Acclamation de l'Évangile
Alléluia. Alléluia. Heureux ceux qui sont persécutés pour la justice, car le royaume des Cieux est à eux ! ***Alléluia.***

Évangile de Jésus Christ
selon saint Matthieu (14, 1-12)

« Hérode envoya décapiter Jean dans la prison. Les disciples de Jean allèrent l'annoncer à Jésus »

En ce temps-là, Hérode, qui était au pouvoir en Galilée, apprit la renommée de Jésus et dit à ses serviteurs : « Celui-là, c'est Jean le Baptiste, il est ressuscité d'entre les morts, et voilà pourquoi des miracles se réalisent par lui. » Car Hérode avait fait arrêter Jean, l'avait fait enchaîner et mettre en prison. C'était à cause d'Hérodiade, la femme de son frère Philippe. En effet, Jean lui avait dit : « Tu n'as pas le droit de l'avoir pour femme. » Hérode cherchait à le faire mourir, mais il eut peur de la foule qui le tenait pour un prophète. Lorsque arriva l'anniversaire d'Hérode, la fille d'Hérodiade dansa au milieu des convives, et elle plut à Hérode. Alors il s'engagea par serment à lui donner ce qu'elle demanderait. Poussée par sa mère, elle dit : « Donne-moi ici, sur un plat, la tête de Jean le Baptiste. » Le roi fut contrarié ; mais à cause de son serment et des convives, il commanda de la lui donner. Il envoya décapiter Jean dans la prison. La tête de celui-ci fut apportée sur un plat et donnée à la jeune fille, qui l'apporta à sa mère. Les disciples de Jean arrivèrent pour prendre son corps, qu'ils ensevelirent ; puis ils allèrent l'annoncer à Jésus.

SAMEDI 31 JUILLET 2021

Prière sur les offrandes
Que l'offrande présentée en la fête de saint Ignace te soit agréable, Seigneur, et que ces mystères, source de toute sainteté, nous sanctifient nous aussi dans la vérité. Par Jésus… — **Amen.**

Antienne de la communion
« Je suis venu apporter le feu sur la terre, et comme je voudrais qu'il brûle ! » dit le Seigneur.
(cf. Lc 12, 49)

Prière après la communion
Pour te rendre grâce, Seigneur, nous avons offert le sacrifice de louange en célébrant la fête de saint Ignace ; que cette eucharistie nous conduise à louer sans fin ton immense gloire. Par Jésus… — **Amen.**

INVITATION

« Trouver Dieu en toute chose », telle était la vocation de saint Ignace fêté aujourd'hui. Où, en quoi ai-je trouvé Dieu pendant ce mois de juillet ?

SAMEDI 31 JUILLET 2021

COMMENTAIRE

Girouettes ? — Matthieu 14, 1-12

Plaire. Ne pas perdre la face. Voilà ce que cherche Hérode en allant au bout de sa folie, eu égard à son serment envers Hérodiade, et tant pis pour la voix de Dieu. Quel contraste, au regard des martyrs qui n'ont craint ni le qu'en-dira-t-on de leurs pairs, ni la sentence de mort de leurs gouverneurs. Comment vivre sur leurs traces, si ce n'est en nous enracinant profondément dans la prière et dans la lecture de la Bible ? Sans une vie de foi, nous deviendrions comme des girouettes tournoyant au gré des opinions. ■

Père Thibault Van Den Driessche, assomptionniste

✣ CLÉ DE LECTURE

« Tu n'exploiteras pas » — Lévitique 25, 17 *(p. 210)*

On s'indigne parfois de la législation du Lévitique qui pousse à un vrai respect des plus démunis à l'intérieur de la communauté mais ne tient guère compte de celui qui est dû aussi à l'étranger. Ainsi elle protège l'esclave juif qui doit être libéré au bout de sept ans, sans se soucier de l'esclave issu d'autres peuples. C'est oublier un contexte historique où l'esclavage était partout répandu et où l'endettement jetait dans la misère des petits propriétaires agricoles contraints de se vendre. On peut alors comprendre et admirer l'effort, certes limité mais courageux et réaliste, pour améliorer la situation dans la mesure du possible, en tenant compte des réalités et en avançant à petits pas vers une considération nouvelle de la dignité de chacun. ■

Roselyne Dupont-Roc, bibliste

La liturgie de la messe

OUVERTURE DE LA CÉLÉBRATION

Chant d'entrée
S'il n'y a pas de chant d'entrée, on dit l'antienne d'ouverture.

Le prêtre et les fidèles, debout, se signent, tandis que le prêtre dit :
Au nom du Père, et du Fils, et du Saint-Esprit. Amen.

Salutation
(1) La grâce de Jésus notre Seigneur, l'amour de Dieu le Père et la communion de l'Esprit Saint, soient toujours avec vous.
— *Et avec votre esprit.*

(2) Le Seigneur soit avec vous.
— *Et avec votre esprit.*

(3) Que Dieu notre Père et Jésus Christ notre Seigneur vous donnent la grâce et la paix.
— *Béni soit Dieu, maintenant et toujours !*

Préparation pénitentielle

(1) JE CONFESSE À DIEU
Je confesse à Dieu tout-puissant, je reconnais devant mes frères,
que j'ai péché en pensée, en parole, par action et par omission;
oui, j'ai vraiment péché. C'est pourquoi je supplie la Vierge Marie,
les anges et tous les saints, et vous aussi, mes frères,
de prier pour moi le Seigneur notre Dieu.

(2) Seigneur, accorde-nous ton pardon. — *Nous avons péché contre toi.*
Montre-nous ta miséricorde. — *Et nous serons sauvés.*

(3) Seigneur Jésus, envoyé par le Père pour guérir et sauver les hommes,
prends pitié de nous. — *Prends pitié de nous.*
Ô Christ, venu dans le monde appeler tous les pécheurs,
prends pitié de nous. — *Prends pitié de nous.*
Seigneur, élevé dans la gloire du Père où tu intercèdes pour nous,
prends pitié de nous. — *Prends pitié de nous.*

Que Dieu tout-puissant nous fasse miséricorde; qu'il nous pardonne
nos péchés et nous conduise à la vie éternelle. — *Amen.*
Si l'on a choisi la 1re ou la 2e formule, on dit:
Seigneur, prends pitié. — *Seigneur, prends pitié.*
Ô Christ, prends pitié. — *Ô Christ, prends pitié.*
Seigneur, prends pitié. — *Seigneur, prends pitié.*

GLOIRE À DIEU

Gloire à Dieu, au plus haut des cieux, et paix sur la terre aux hommes qu'il aime. Nous te louons, nous te bénissons, nous t'adorons, nous te glorifions, nous te rendons grâce, pour ton immense gloire, Seigneur Dieu, Roi du ciel, Dieu le Père tout-puissant.
Seigneur, Fils unique, Jésus Christ, Seigneur Dieu, Agneau de Dieu, le Fils du Père; toi qui enlèves le péché du monde, prends pitié de nous; toi qui enlèves le péché du monde, reçois notre prière; toi qui es assis à la droite du Père, prends pitié de nous.
Car toi seul es saint, toi seul es Seigneur, toi seul es le Très-Haut : Jésus Christ, avec le Saint-Esprit dans la gloire de Dieu le Père.
Amen.

Gloria in excelsis Deo et in terra pax hominibus bonae voluntatis. Laudamus te, benedicimus te, adoramus te. Glorificamus te. Gratias agimus tibi propter magnam gloriam tuam, Domine Deus, Rex caelestis, Deus Pater omnipotens. Domine Fili unigenite, Jesu Christe. Domine Deus, Agnus Dei, Filius Patris. Qui tollis peccata mundi, miserere nobis. Qui tollis peccata mundi, suscipe deprecationem nostram; qui sedes ad dexteram Patris, miserere nobis. Quoniam tu solus sanctus, tu solus Dominus, tu solus Altissimus, Jesu Christe, cum Sancto Spiritu : in gloria Dei Patris. Amen.

Prière

Voir à la date du jour.

LITURGIE DE LA PAROLE

Voir à la date du jour.

Profession de foi

SYMBOLE DES APÔTRES

Je crois en Dieu, le Père tout-puissant, créateur du ciel et de la terre.

Et en Jésus Christ, son Fils unique, notre Seigneur,
qui a été conçu du Saint-Esprit, est né de la Vierge Marie,
a souffert sous Ponce Pilate, a été crucifié,
est mort et a été enseveli, est descendu aux enfers,
le troisième jour est ressuscité des morts, est monté aux cieux,
est assis à la droite de Dieu le Père tout-puissant,
d'où il viendra juger les vivants et les morts.

Je crois en l'Esprit Saint,
à la sainte Église catholique, à la communion des saints,
à la rémission des péchés, à la résurrection de la chair,
à la vie éternelle.

Amen.

SYMBOLE DE NICÉE-CONSTANTINOPLE

**Je crois en un seul Dieu, le Père tout-puissant,
créateur du ciel et de la terre, de l'univers visible et invisible.
Je crois en un seul Seigneur, Jésus Christ, le Fils unique de Dieu,
né du Père avant tous les siècles :
il est Dieu, né de Dieu, lumière, née de la lumière, vrai Dieu, né du vrai Dieu,
engendré, non pas créé, de même nature que le Père ; et par lui tout a été fait.
Pour nous les hommes, et pour notre salut, il descendit du ciel ;
par l'Esprit Saint, il a pris chair de la Vierge Marie, et s'est fait homme.
Crucifié pour nous sous Ponce Pilate,**
    il souffrit sa passion et fut mis au tombeau.
Il ressuscita le troisième jour, conformément aux Écritures,
    et il monta au ciel ; il est assis à la droite du Père.
Il reviendra dans la gloire, pour juger les vivants et les morts ;
    et son règne n'aura pas de fin.
Je crois en l'Esprit Saint, qui est Seigneur et qui donne la vie ;
    il procède du Père et du Fils ;
avec le Père et le Fils, il reçoit même adoration et même gloire ;
    il a parlé par les prophètes.
**Je crois en l'Église, une, sainte, catholique et apostolique.
Je reconnais un seul baptême pour le pardon des péchés.
J'attends la résurrection des morts, et la vie du monde à venir.
Amen.**

CREDO

Credo in unum Deum,
Patrem omnipotentem,
factorem caeli et terrae,
visibilium omnium et invisibilium.
Et in unum Dominum,
Jesum Christum,
Filium Dei unigenitum.
Et ex Patre natum ante omnia saecula.
Deum de Deo, lumen de lumine,
Deum verum de Deo vero.
Genitum non factum,
consubstantialem Patri,
per quem omnia facta sunt.
Qui propter nos homines,
et propter nostram salutem,
descendit de caelis.
Et incarnatus est de Spiritu Sancto
ex Maria Virgine,
et homo factus est.
Crucifixus etiam pro nobis sub Pontio
Pilato, passus, et sepultus est.
Et resurrexit tertia die,
secundum Scripturas.
Et ascendit in caelum,
sedet ad dexteram Patris.
Et iterum venturus est
cum gloria judicare vivos et mortuos;
cujus regni non erit finis.
Et in Spiritum Sanctum, Dominum,
et vivificantem :
qui ex Patre Filioque procedit;
Qui cum Patre et Filio
simul adoratur et conglorificatur :
qui locutus est per Prophetas.
Et unam sanctam catholicam
et apostolicam Ecclesiam.
Confiteor unum baptisma
in remissionem peccatorum.
Et expecto resurrectionem mortuorum,
et vitam venturi saeculi.

Amen.

Prière universelle

LITURGIE EUCHARISTIQUE

Préparation des dons

Tu es béni, Dieu de l'univers, toi qui nous donnes ce pain, fruit de la terre et du travail des hommes ; nous te le présentons : il deviendra le pain de la vie.
— **Béni soit Dieu, maintenant et toujours !**
Comme cette eau se mêle au vin pour le sacrement de l'Alliance, puissions-nous être unis à la divinité de Celui qui a pris notre humanité.
Tu es béni, Dieu de l'univers, toi qui nous donnes ce vin, fruit de la vigne et du travail des hommes ; nous te le présentons : il deviendra le vin du Royaume éternel. — **Béni soit Dieu, maintenant et toujours !**
Humbles et pauvres, nous te supplions, Seigneur, accueille-nous : que notre sacrifice, en ce jour, trouve grâce devant toi.
Lave-moi de mes fautes, Seigneur, purifie-moi de mon péché.
Prions ensemble, au moment d'offrir le sacrifice de toute l'Église.
— **Pour la gloire de Dieu et le salut du monde.**

Prière sur les offrandes *Voir à la date du jour.*

Prière eucharistique

Le Seigneur soit avec vous. — **Et avec votre esprit.**
Élevons notre cœur. — **Nous le tournons vers le Seigneur.**
Rendons grâce au Seigneur notre Dieu. — **Cela est juste et bon.**

Préfaces *(La numérotation des préfaces suit l'édition 1978 du Missel romain.)*

Les préfaces du mois de juillet

3ᵉ préface des dimanches (22)

Notre humanité sauvée par l'humanité du Christ

Vraiment, il est juste et bon de te rendre gloire, de t'offrir notre action de grâce, toujours et en tout lieu, à toi, Père très saint, Dieu éternel et tout-puissant. Oui, nous le reconnaissons : afin de secourir tous les hommes, tu mets en œuvre ta puissance ; et tu te sers de notre condition mortelle pour nous affranchir de la mort : ainsi notre existence périssable devient un passage vers le salut, par le Christ, notre Seigneur. C'est par lui que les anges, assemblés devant toi, adorent ta gloire ; à leur hymne de louange, laisse-nous joindre nos voix pour chanter et proclamer : *Saint ! Saint ! Saint…*

4ᵉ préface des dimanches (23)

L'histoire du salut

Vraiment, il est juste et bon de te rendre gloire, de t'offrir notre action de grâce, toujours et en tout lieu, à toi, Père très saint, Dieu éternel et tout-puissant, par le Christ, notre Seigneur. En naissant parmi les hommes, il les appelle à renaître ; en souffrant sa passion, il a supprimé nos fautes ; par sa résurrection d'entre les morts, il donne accès à la vie éternelle, et par son ascension auprès de toi, notre Père, il nous ouvre le ciel. C'est pourquoi, avec tous les anges et tous les saints, nous chantons l'hymne de ta gloire et sans fin nous proclamons : *Saint ! Saint ! Saint…*

4ᵉ préface commune (31)

Louer Dieu est un don de sa grâce

Vraiment, il est juste et bon de te rendre gloire, de t'offrir notre action

Les préfaces du mois de juillet

de grâce, toujours et en tout lieu, à toi, Père très saint, Dieu éternel et tout-puissant. Tu n'as pas besoin de notre louange, et pourtant c'est toi qui nous inspires de te rendre grâce : nos chants n'ajoutent rien à ce que tu es, mais ils nous rapprochent de toi, par le Christ, notre Seigneur. C'est par lui que la terre et le ciel, avec les anges et les archanges, ne cessent de t'acclamer en (disant) chantant : *Saint ! Saint ! Saint...*

5ᵉ préface commune (32)
Proclamation du mystère du Christ

Vraiment, il est juste et bon de te rendre gloire, de t'offrir notre action de grâce, toujours et en tout lieu, à toi, Père très saint, Dieu éternel et tout-puissant, par le Christ, notre Seigneur. Le rappel de sa mort provoque notre amour, l'annonce de sa résurrection ravive notre foi, et la promesse de sa venue nourrit notre espérance. C'est pourquoi, avec les anges et tous les saints, nous chantons et proclamons :
Saint ! Saint ! Saint...

1ʳᵉ préface de la Vierge Marie (34)
La maternité divine de Marie

Vraiment, il est juste et bon de te rendre gloire, de t'offrir notre action de grâce, toujours et en tout lieu, à toi, Père très saint, Dieu éternel et tout-puissant. En ce jour où nous honorons la bienheureuse Vierge Marie : nous voulons te chanter, te bénir et te glorifier. Car elle a conçu ton Fils unique lorsque le Saint-Esprit la couvrit de son ombre, et, gardant pour toujours la gloire de sa virginité, elle a donné au monde la lumière éternelle, Jésus Christ, notre Seigneur. Par lui, avec les anges et tous les saints, nous chantons l'hymne de ta gloire et sans fin nous proclamons : *Saint ! Saint ! Saint...*

Les préfaces du mois de juillet

1re préface des Apôtres (36)

Les Apôtres, bergers du peuple de Dieu

Vraiment, il est juste et bon de te rendre gloire, de t'offrir notre action de grâce, toujours et en tout lieu, à toi, Père très saint, Dieu éternel et tout-puissant. Tu n'abandonnes pas ton troupeau, Pasteur éternel, mais tu le gardes par les Apôtres sous ta constante protection; tu le diriges encore par ces mêmes pasteurs qui le conduisent aujourd'hui au nom de ton Fils. Par lui, avec les anges et tous les saints, nous chantons l'hymne de ta gloire et sans fin nous proclamons : *Saint ! Saint ! Saint...*

Préface des saints martyrs (38)

Signification et valeur exemplaire du martyre

Vraiment, il est juste et bon de te rendre gloire, de t'offrir notre action de grâce, toujours et en tout lieu, à toi, Père très saint, Dieu éternel et tout-puissant. Nous reconnaissons un signe éclatant de ta grâce dans le martyre de saint N.; en donnant sa vie comme le Christ, il a glorifié ton nom : c'est ta puissance qui se déploie dans la faiblesse quand tu donnes à des êtres fragiles de te rendre témoignage par le Christ, notre Seigneur. C'est pourquoi, avec les anges dans le ciel, nous pouvons te bénir sur la terre et t'adorer en (disant) chantant : *Saint ! Saint ! Saint...*

Préface des saints pasteurs (39)

Rôle des saints pasteurs à l'égard de l'Église

Vraiment, il est juste et bon de te rendre gloire, de t'offrir notre action de grâce, toujours et en tout lieu, à toi, Père très saint, Dieu éternel et tout-puissant, par le Christ, notre Seigneur. En célébrant aujourd'hui la fête de saint N., nous admirons ta sollicitude pour ton Église : par l'exemple qu'il a donné, tu nous encourages, par son enseignement,

Les préfaces du mois de juillet

tu nous éclaires, à sa prière, tu veilles sur nous. C'est pourquoi, avec tous les anges et tous les saints, nous proclamons ta gloire en (disant) chantant : *Saint ! Saint ! Saint...*

2ᵉ préface des saints (42)
Le rôle des saints

Vraiment, il est juste et bon de te rendre gloire, de t'offrir notre action de grâce, toujours et en tout lieu, à toi, Père très saint, Dieu éternel et tout-puissant, par le Christ, notre Seigneur. Tu ravives toujours les forces de ton Église par la foi dont témoignent les saints, et tu nous montres ainsi ton amour ; aujourd'hui, nous te rendons grâce, car leur exemple nous stimule, et leur prière fraternelle nous aide à travailler pour que ton règne arrive. Voilà pourquoi, Seigneur, avec les anges et tous les saints, nous proclamons ta gloire en (disant) chantant :

Saint ! Saint ! Saint, le Seigneur,
Dieu de l'univers !
Le ciel et la terre
sont remplis de ta gloire.
Hosanna au plus haut des cieux.
Béni soit celui
qui vient au nom du Seigneur.
Hosanna au plus haut des cieux.

> *Sanctus, Sanctus, Sanctus*
> *Dominus Deus Sabaoth*
> *Pleni sunt caeli et terra gloria tua.*
> *Hosanna in excelsis. Benedictus*
> *qui venit in nomine Domini.*
> *Hosanna in excelsis.*

- *Prière eucharistique 1*
« Père infiniment bon... » .... *ci-contre*
- *Prière eucharistique 2*
« Toi qui es vraiment saint... » .... *p. 229*
- *Prière eucharistique 3*
« Tu es vraiment saint... » .... *p. 232*
- *Prière eucharistique 4*
« Père très saint... » .... *p. 235*

Prière eucharistique n° 1

(Préfaces : p. 221)

Père infiniment bon, toi vers qui montent nos louanges, nous te supplions par Jésus Christ, ton Fils, notre Seigneur, d'accepter et de bénir ✝ ces offrandes saintes.

Nous te les présentons avant tout pour ta sainte Église catholique : accorde-lui la paix et protège-la, daigne la rassembler dans l'unité et la gouverner par toute la terre ; nous les présentons en même temps pour ton serviteur le pape N., pour notre évêque N. et tous ceux qui veillent fidèlement sur la foi catholique reçue des Apôtres. Souviens-toi, Seigneur, de tes serviteurs (de N. et N.) et de tous ceux qui sont ici réunis, dont tu connais la foi et l'attachement. *(Silence)*

Nous t'offrons pour eux, ou ils t'offrent pour eux-mêmes et tous les leurs ce sacrifice de louange, pour leur propre rédemption, pour le salut qu'ils espèrent ; et ils te rendent cet hommage, à toi, Dieu éternel, vivant et vrai.

Dans la communion de toute l'Église, nous voulons nommer en premier lieu la bienheureuse Marie toujours Vierge, Mère de notre Dieu et Seigneur, Jésus Christ ; •••

Le dimanche :

Dans la communion de toute l'Église, en ce premier jour de la semaine, nous célébrons le jour où le Christ est ressuscité d'entre les morts ; et nous voulons nommer en premier lieu la bienheureuse Marie toujours Vierge, Mère de notre Dieu et Seigneur, Jésus Christ ; •••

••• saint Joseph, son époux, les saints Apôtres et Martyrs Pierre et Paul, André, [Jacques et Jean, Thomas,

Prière eucharistique nº 1

Jacques et Philippe, Barthélemy et Matthieu, Simon et Jude, Lin, Clet, Clément, Sixte, Corneille et Cyprien, Laurent, Chrysogone, Jean et Paul, Côme et Damien,] et tous les saints. Accorde-nous, par leur prière et leurs mérites, d'être, toujours et partout, forts de ton secours et de ta protection.

Voici l'offrande que nous présentons devant toi, nous, tes serviteurs, et ta famille entière, dans ta bienveillance, accepte-la. Assure toi-même la paix de notre vie, arrache-nous à la damnation et reçois-nous parmi tes élus.

Sanctifie pleinement cette offrande par la puissance de ta bénédiction, rends-la parfaite et digne de toi : qu'elle devienne pour nous le corps et le sang de ton Fils bien-aimé, Jésus Christ, notre Seigneur.

La veille de sa passion, il prit le pain dans ses mains très saintes et, les yeux levés au ciel, vers toi, Dieu, son Père tout-puissant, en te rendant grâce il le bénit, le rompit, et le donna à ses disciples, en disant : « Prenez, et mangez-en tous : ceci est mon corps livré pour vous. »

De même, à la fin du repas, il prit dans ses mains cette coupe incomparable ; et te rendant grâce à nouveau, il la bénit, et la donna à ses disciples en disant : « Prenez et buvez-en tous, car ceci est la coupe de mon sang, le sang de l'Alliance nouvelle et éternelle, qui sera versé pour vous et pour la multitude, en rémission des péchés. Vous ferez cela, en mémoire de moi. »

(1) Il est grand, le mystère de la foi :
Nous proclamons ta mort, Seigneur Jésus, nous célébrons ta résurrection, nous attendons ta venue dans la gloire.

Prière eucharistique n° 1

(2) Quand nous mangeons ce pain et buvons à cette coupe, nous célébrons le mystère de la foi :
Nous rappelons ta mort,
Seigneur ressuscité,
et nous attendons que tu viennes.

(3) Proclamons le mystère de la foi :
Gloire à toi qui étais mort, gloire à toi qui es vivant, notre Sauveur
et notre Dieu : Viens, Seigneur Jésus !

C'est pourquoi nous aussi, tes serviteurs, et ton peuple saint avec nous, faisant mémoire de la passion bienheureuse de ton Fils, Jésus Christ, notre Seigneur, de sa résurrection du séjour des morts et de sa glorieuse ascension dans le ciel, nous te présentons, Dieu de gloire et de majesté, cette offrande prélevée sur les biens que tu nous donnes, le sacrifice pur et saint, le sacrifice parfait, pain de la vie éternelle et coupe du salut.

Et comme il t'a plu d'accueillir les présents d'Abel le Juste, le sacrifice de notre père Abraham, et celui que t'offrit Melchisédech, ton grand prêtre, en signe du sacrifice parfait, regarde cette offrande avec amour et, dans ta bienveillance, accepte-la.

Nous t'en supplions, Dieu tout-puissant : qu'elle soit portée par ton ange en présence de ta gloire, sur ton autel céleste, afin qu'en recevant ici, par notre communion à l'autel, le corps et le sang de ton Fils, nous soyons comblés de ta grâce et de tes bénédictions.

S ouviens-toi de tes serviteurs (de N. et N.) qui nous ont précédés, marqués du signe de la foi, et qui dorment dans la paix...
(Silence)
Pour eux et pour tous ceux qui reposent dans le Christ, nous implorons ta

LA LITURGIE - PRIÈRES EUCHARISTIQUES

Prière eucharistique nº 1

bonté : qu'ils entrent dans la joie, la paix et la lumière. Et nous, pécheurs, qui mettons notre espérance en ta miséricorde inépuisable, admets-nous dans la communauté des bienheureux Apôtres et Martyrs, de Jean Baptiste, Étienne, Matthias et Barnabé, [Ignace, Alexandre, Marcellin et Pierre, Félicité et Perpétue, Agathe, Lucie, Agnès, Cécile, Anastasie,] et de tous les saints. Accueille-nous dans leur compagnie, sans nous juger sur le mérite mais en accordant ton pardon, par Jésus Christ, notre Seigneur. C'est par lui que tu ne cesses de créer tous ces biens, que tu les bénis, leur donnes la vie, les sanctifies et nous en fais le don.

Par lui, avec lui et en lui, à toi, Dieu le Père tout-puissant, dans l'unité du Saint-Esprit, tout honneur et toute gloire, pour les siècles des siècles. — *Amen.*

(Communion : p. 238)

Prière eucharistique nº 2

Préface :

Vraiment, Père très saint, il est juste et bon de te rendre grâce, toujours et en tout lieu, par ton Fils bien-aimé, Jésus Christ : car il est ta Parole vivante, par qui tu as créé toutes choses ; c'est lui que tu nous as envoyé comme Rédempteur et Sauveur, Dieu fait homme, conçu de l'Esprit Saint, né de la Vierge Marie ; pour accomplir jusqu'au bout ta volonté et rassembler du milieu des hommes un peuple saint qui t'appartienne, il étendit les mains à l'heure de sa passion, afin que soit brisée la mort, et que la résurrection soit manifestée. C'est pourquoi, avec les anges et tous les saints, nous proclamons ta gloire, en chantant (disant) d'une seule voix :

(On peut aussi choisir une autre préface.)

Saint ! Saint ! Saint, le Seigneur, Dieu de l'univers ! Le ciel et la terre sont remplis de ta gloire. Hosanna au plus haut des cieux. Béni soit celui qui vient au nom du Seigneur. Hosanna au plus haut des cieux.

Toi qui es vraiment saint, toi qui es la source de toute sainteté, Seigneur, nous te prions : ...

Le dimanche :

Toi qui es vraiment saint, toi qui es la source de toute sainteté, nous voici rassemblés devant toi, et, dans la communion de toute l'Église, en ce premier jour de la semaine, nous célébrons le jour où le Christ est ressuscité d'entre les morts. Par lui que tu as élevé à ta droite, Dieu notre Père, nous te prions : ...

Prière eucharistique nº 2

...Sanctifie ces offrandes en répandant sur elles ton Esprit ; qu'elles deviennent pour nous le corps ✢ et le sang de Jésus, le Christ, notre Seigneur. Au moment d'être livré et d'entrer librement dans sa passion, il prit le pain, il rendit grâce, il le rompit et le donna à ses disciples, en disant : « Prenez, et mangez-en tous : ceci est mon corps livré pour vous. » De même, à la fin du repas, il prit la coupe ; de nouveau il rendit grâce, et la donna à ses disciples, en disant : « Prenez, et buvez-en tous, car ceci est la coupe de mon sang, le sang de l'Alliance nouvelle et éternelle, qui sera versé pour vous et pour la multitude en rémission des péchés. Vous ferez cela, en mémoire de moi. »

(1) Il est grand, le mystère de la foi :
Nous proclamons ta mort, Seigneur Jésus, nous célébrons ta résurrection, nous attendons ta venue dans la gloire.

(2) Quand nous mangeons ce pain et buvons à cette coupe, nous célébrons le mystère de la foi :
***Nous rappelons ta mort,
Seigneur ressuscité,
et nous attendons que tu viennes.***

(3) Proclamons le mystère de la foi :
***Gloire à toi qui étais mort,
gloire à toi qui es vivant,
notre Sauveur et notre Dieu :
Viens, Seigneur Jésus !***

Faisant ici mémoire de la mort et de la résurrection de ton Fils, nous t'offrons, Seigneur, le pain de la vie et la coupe du salut, et nous te rendons grâce, car tu nous as choisis pour servir en ta présence. Humblement, nous te demandons qu'en ayant part au corps et au sang du Christ, nous soyons rassemblés par l'Esprit Saint en un seul corps.

Prière eucharistique nº 2

Souviens-toi, Seigneur, de ton Église répandue à travers le monde : fais-la grandir dans ta charité avec le pape N., notre évêque N., et tous ceux qui ont la charge de ton peuple. Souviens-toi aussi de nos frères qui se sont endormis dans l'espérance de la résurrection, et de tous les hommes qui ont quitté cette vie : reçois-les dans ta lumière, auprès de toi. Sur nous tous enfin, nous implorons ta bonté : permets qu'avec la Vierge Marie, la bienheureuse Mère de Dieu, avec saint Joseph, son époux, avec les Apôtres et les saints de tous les temps qui ont vécu dans ton amitié, nous ayons part à la vie éternelle, et que nous chantions ta louange, par Jésus Christ, ton Fils bien-aimé.

Par lui, avec lui et en lui, à toi, Dieu le Père tout-puissant, dans l'unité du Saint-Esprit, tout honneur et toute gloire, pour les siècles des siècles. — *Amen.*

(Communion : p. 238)

Prière eucharistique n° 3

(Préfaces : p. 221)

Tu es vraiment saint, Dieu de l'univers, et toute la création proclame ta louange, car c'est toi qui donnes la vie, c'est toi qui sanctifies toutes choses, par ton Fils, Jésus Christ, notre Seigneur, avec la puissance de l'Esprit Saint ; et tu ne cesses de rassembler ton peuple, afin qu'il te présente partout dans le monde une offrande pure.

C'est pourquoi nous te supplions de consacrer toi-même les offrandes que nous apportons : ...

Le dimanche :

C'est pourquoi nous voici rassemblés devant toi, et, dans la communion de toute l'Église, en ce premier jour de la semaine nous célébrons le jour où le Christ est ressuscité d'entre les morts. Par lui, que tu as élevé à ta droite, Dieu tout-puissant, nous te supplions de consacrer toi-même les offrandes que nous apportons : ...

... Sanctifie-les par ton Esprit, pour qu'elles deviennent le corps ✝ et le sang de ton Fils Jésus Christ, notre Seigneur, qui nous a dit de célébrer ce mystère. La nuit même où il fut livré, il prit le pain, en te rendant grâce il le bénit, il le rompit et le donna à ses disciples, en disant : « Prenez, et mangez-en tous : ceci est mon corps livré pour vous. » De même, à la fin du repas, il prit la coupe, en te rendant grâce il la bénit, et la donna à ses disciples, en disant : « Prenez, et buvez-en tous, car ceci est la coupe de mon sang, le sang de l'Alliance nouvelle et éternelle, qui sera versé pour vous et pour la multitude en rémission des péchés. Vous ferez cela, en mémoire de moi. »

(1) Il est grand, le mystère de la foi :

Prière eucharistique nº 3

***Nous proclamons ta mort,
Seigneur Jésus,
nous célébrons ta résurrection,
nous attendons ta venue dans la gloire.***

(2) Quand nous mangeons ce pain et buvons à cette coupe, nous célébrons le mystère de la foi :
***Nous rappelons ta mort,
Seigneur ressuscité,
et nous attendons que tu viennes.***

(3) Proclamons le mystère de la foi :
***Gloire à toi qui étais mort,
gloire à toi qui es vivant,
notre Sauveur et notre Dieu :
Viens, Seigneur Jésus !***

En faisant mémoire de ton Fils, de sa passion qui nous sauve, de sa glorieuse résurrection et de son ascension dans le ciel, alors que nous attendons son dernier avènement, nous présentons cette offrande vivante et sainte pour te rendre grâce. Regarde, Seigneur, le sacrifice de ton Église, et daigne y reconnaître celui de ton Fils qui nous a rétablis dans ton Alliance ; quand nous serons nourris de son corps et de son sang et remplis de l'Esprit Saint, accorde-nous d'être un seul corps et un seul esprit dans le Christ.

Que l'Esprit Saint fasse de nous une éternelle offrande à ta gloire, pour que nous obtenions un jour les biens du monde à venir, auprès de la Vierge Marie, la bienheureuse Mère de Dieu, avec saint Joseph, son époux, avec les Apôtres, les martyrs, [saint N.] et tous les saints, qui ne cessent d'intercéder pour nous.

Et maintenant, nous te supplions, Seigneur : par le sacrifice qui nous réconcilie avec toi, étends au monde entier le salut et la paix. Affermis la foi et la charité de ton Église au long de son chemin sur la terre : veille sur ton serviteur le pape N.,

Prière eucharistique n° 3

et notre évêque N., l'ensemble des évêques, les prêtres, les diacres, et tout le peuple des rachetés. Écoute les prières de ta famille assemblée devant toi, et ramène à toi, Père très aimant, tous tes enfants dispersés. Pour nos frères défunts, pour les hommes qui ont quitté ce monde, et dont tu connais la droiture, nous te prions : reçois-les dans ton Royaume, où nous espérons être comblés de ta gloire, tous ensemble et pour l'éternité, par le Christ, notre Seigneur, par qui tu donnes au monde toute grâce et tout bien.

Par lui, avec lui et en lui, à toi, Dieu le Père tout-puissant, dans l'unité du Saint-Esprit, tout honneur et toute gloire, pour les siècles des siècles. — **Amen.**
(Communion : p. 238)

Prière eucharistique n° 4

Préface :

Vraiment, il est bon de te rendre grâce, il est juste et bon de te glorifier, Père très saint, car tu es le seul Dieu, le Dieu vivant et vrai : tu étais avant tous les siècles, tu demeures éternellement, lumière au-delà de toute lumière. Toi, le Dieu de bonté, la source de la vie, tu as fait le monde pour que toute créature soit comblée de tes bénédictions, et que beaucoup se réjouissent de ta lumière. Ainsi, les anges innombrables qui te servent jour et nuit se tiennent devant toi, et, contemplant la splendeur de ta face, n'interrompent jamais leur louange. Unis à leur hymne d'allégresse, avec la création tout entière qui t'acclame par nos voix, Dieu, nous te chantons :

Prière eucharistique nº 4

Saint ! Saint ! Saint, le Seigneur,
Dieu de l'univers !
Le ciel et la terre
sont remplis de ta gloire.
Hosanna au plus haut des cieux.
Béni soit celui qui vient
au nom du Seigneur.
Hosanna au plus haut des cieux.

Père très saint, nous proclamons que tu es grand et que tu as créé toutes choses avec sagesse et par amour : tu as fait l'homme à ton image, et tu lui as confié l'univers, afin qu'en te servant, toi son Créateur, il règne sur la création. Comme il avait perdu ton amitié en se détournant de toi, tu ne l'as pas abandonné au pouvoir de la mort. Dans ta miséricorde, tu es venu en aide à tous les hommes pour qu'ils te cherchent et puissent te trouver.
Tu as multiplié les alliances avec eux, et tu les as formés, par les prophètes, dans l'espérance du salut. Tu as tellement aimé le monde, Père très saint, que tu nous as envoyé ton propre Fils, lorsque les temps furent accomplis, pour qu'il soit notre Sauveur. Conçu de l'Esprit Saint, né de la Vierge Marie, il a vécu notre condition d'homme en toute chose, excepté le péché, annonçant aux pauvres la bonne nouvelle du salut ; aux captifs, la délivrance ; aux affligés, la joie.
Pour accomplir le dessein de ton amour, il s'est livré lui-même à la mort, et, par sa résurrection, il a détruit la mort et renouvelé la vie. Afin que notre vie ne soit plus à nous-mêmes, mais à lui qui est mort et ressuscité pour nous, il a envoyé d'auprès de toi, comme premier don fait aux croyants, l'Esprit qui poursuit son œuvre dans le monde et achève toute sanctification.

Que ce même Esprit Saint, nous t'en prions, Seigneur, sanctifie ces offrandes : qu'elles deviennent ainsi le

Prière eucharistique nº 4

corps ✚ et le sang de ton Fils dans la célébration de ce grand mystère, que lui-même nous a laissé en signe de l'Alliance éternelle.

Quand l'heure fut venue où tu allais le glorifier, comme il avait aimé les siens qui étaient dans le monde, il les aima jusqu'au bout : pendant le repas qu'il partageait avec eux, il prit le pain, il le bénit, le rompit et le donna à ses disciples, en disant :

« Prenez, et mangez-en tous : ceci est mon corps livré pour vous. »

De même, il prit la coupe remplie de vin, il rendit grâce et la donna à ses disciples, en disant :

« Prenez, et buvez-en tous, car ceci est la coupe de mon sang, le sang de l'Alliance nouvelle et éternelle, qui sera versé pour vous et pour la multitude, en rémission des péchés. Vous ferez cela, en mémoire de moi. »

(1) Il est grand, le mystère de la foi :
Nous proclamons ta mort,
Seigneur Jésus,
nous célébrons ta résurrection,
nous attendons ta venue
dans la gloire.

(2) Quand nous mangeons ce pain et buvons à cette coupe, nous célébrons le mystère de la foi :
Nous rappelons ta mort,
Seigneur ressuscité,
et nous attendons que tu viennes.

(3) Proclamons le mystère de la foi :
Gloire à toi qui étais mort,
gloire à toi qui es vivant,
notre Sauveur et notre Dieu :
Viens, Seigneur Jésus !

Voilà pourquoi, Seigneur, nous célébrons aujourd'hui le mémorial de notre rédemption : en rappelant la mort de Jésus Christ et sa descente

Prière eucharistique nº 4

au séjour des morts, en proclamant sa résurrection et son ascension à ta droite dans le ciel, en attendant aussi qu'il vienne dans la gloire, nous t'offrons son corps et son sang, le sacrifice qui est digne de toi et qui sauve le monde.

Regarde, Seigneur, cette offrande que tu as donnée toi-même à ton Église ; accorde à tous ceux qui vont partager ce pain et boire à cette coupe d'être rassemblés par l'Esprit Saint en un seul corps, pour qu'ils soient eux-mêmes dans le Christ une vivante offrande à la louange de ta gloire.

Et maintenant, Seigneur, rappelle-toi tous ceux pour qui nous offrons le sacrifice : le pape N., notre évêque N. et tous les évêques, les prêtres et ceux qui les assistent, les fidèles qui présentent cette offrande, les membres de notre assemblée, le peuple qui t'appartient et tous les hommes qui te cherchent avec droiture. Souviens-toi aussi de nos frères qui sont morts dans la paix du Christ, et de tous les morts dont toi seul connais la foi.

À nous qui sommes tes enfants, accorde, Père très bon, l'héritage de la vie éternelle auprès de la Vierge Marie, la bienheureuse Mère de Dieu, auprès de saint Joseph, son époux, auprès des Apôtres et de tous les saints, dans ton Royaume, où nous pourrons, avec la création tout entière enfin libérée du péché et de la mort, te glorifier par le Christ, notre Seigneur, par qui tu donnes au monde toute grâce et tout bien.

Par lui, avec lui et en lui, à toi, Dieu le Père tout-puissant, dans l'unité du Saint-Esprit, tout honneur et toute gloire, pour les siècles des siècles. — *Amen.*

(Communion : page suivante)

COMMUNION

Notre Père

(1) Unis dans le même Esprit, nous pouvons dire avec confiance la prière que nous avons reçue du Sauveur :

(2) Comme nous l'avons appris du Sauveur et selon son commandement, nous osons dire :

> #### NOTRE PÈRE
> Notre Père qui es aux cieux, que ton nom soit sanctifié,
> que ton règne vienne, que ta volonté soit faite sur la terre comme au ciel.
> Donne-nous aujourd'hui notre pain de ce jour. Pardonne-nous
> nos offenses, comme nous pardonnons aussi à ceux qui nous ont offensés.
> Et ne nous laisse pas entrer en tentation, mais délivre-nous du Mal.

> #### PATER NOSTER
> *Pater Noster qui es in caelis, sanctificetur nomen tuum, adveniat regnum tuum, fiat voluntas tua sicut in caelo et in terra. Panem nostrum quotidianum da nobis hodie, et dimitte nobis debita nostra, sicut et nos dimittimus debitoribus nostris, et ne nos inducas in tentationem sed libera nos a malo.*

Délivre-nous de tout mal, Seigneur, et donne la paix à notre temps :
par ta miséricorde, libère-nous du péché, rassure-nous devant les épreuves

en cette vie où nous espérons le bonheur que tu promets et l'avènement de Jésus Christ, notre Sauveur. — *Car c'est à toi qu'appartiennent le règne, la puissance et la gloire pour les siècles des siècles !*

Échange de la paix

Seigneur Jésus Christ, tu as dit à tes Apôtres : « Je vous laisse la paix, je vous donne ma paix » : ne regarde pas nos péchés mais la foi de ton Église ; pour que ta volonté s'accomplisse, donne-lui toujours cette paix, et conduis-la vers l'unité parfaite, toi qui règnes pour les siècles des siècles. — *Amen.*
Que la paix du Seigneur soit toujours avec vous. — *Et avec votre esprit.*
Frères et sœurs, dans la charité du Christ, donnez-vous la paix.

Fraction du pain

Agneau de Dieu

Agneau de Dieu, qui enlèves le péché du monde, prends pitié de nous. *(bis)*
Agneau de Dieu, qui enlèves le péché du monde, donne-nous la paix.

Agnus Dei

Agnus Dei qui tollis peccata mundi, miserere nobis. (bis)
Agnus Dei qui tollis peccata mundi, dona nobis pacem.

Communion

Le prêtre complète, à voix basse, sa préparation personnelle à la communion :

(1) Seigneur Jésus Christ, Fils du Dieu vivant, selon la volonté du Père et avec la puissance du Saint-Esprit, tu as donné, par ta mort, la vie au monde; que ton corps et ton sang me délivrent de mes péchés et de tout mal; fais que je demeure fidèle à tes commandements et que jamais je ne sois séparé de toi.
(2) Seigneur Jésus Christ, que cette communion à ton corps et à ton sang n'entraîne pour moi ni jugement ni condamnation; mais qu'elle soutienne mon esprit et mon corps et me donne la guérison.

Montrant aux fidèles le pain eucharistique, le prêtre invite à la communion:
Heureux les invités au repas du Seigneur!
Voici l'Agneau de Dieu qui enlève le péché du monde.
— ***Seigneur, je ne suis pas digne de te recevoir;***
mais dis seulement une parole et je serai guéri.

Chant de communion ou antienne de la communion.

Prière après la communion voir à la date du jour.

CONCLUSION DE LA CÉLÉBRATION

Le Seigneur soit avec vous. — ***Et avec votre esprit.***
Que Dieu tout-puissant vous bénisse,
le Père, et le Fils ✝ et le Saint-Esprit. — ***Amen.***
Le diacre ou le prêtre dit:
Allez, dans la paix du Christ. — ***Nous rendons grâce à Dieu.***

Chants pour la célébration

Les chants en rouge sont consultables à la page indiquée. **Les chants en noir** sont référencés avec leur cote SECLI.

	Ouverture	Renvoi	Communion / Action de grâce	Renvoi
4 juil.	Peuple de Dieu, marche joyeux	K180	Ce qu'il y a de fou dans le monde	014-49
	Pour l'amour de cet homme	A569	La Sagesse a dressé une table	p. 249
	Heureux en Dieu	p. 242	C'est toi, Seigneur, le pain rompu	D293
11 juil.	Si le Père vous appelle	p. 244	Tu fais ta demeure en nous	p. 250
	Au cœur de ce monde	p. 243	Tenons en éveil la mémoire du Seigneur	Y243-1
	Me voici, envoie-moi	p. 245	Laudate omnes gentes	p. 250
18 juil.	Tu nous guideras	J15	Il est l'agneau et le pasteur	ZL22-2
	Jésus, berger de toute humanité	p. 248	Berger de la paix	D39-72
	Le Seigneur est mon berger	p. 246	Devenez ce que vous recevez	p. 251
25 juil.	Dieu nous a tous appelés	p. 247	Les pauvres mangeront à la table du Seigneur	B512
	Disciples rassemblés pour ce repas	A64-53-2	Partageons le pain du Seigneur	p. 252
	Acclamez le Seigneur	p. 248	Pain rompu pour un monde nouveau	D 283

Suggestions pour juillet 2021 proposées par le P. Thibault Van Den Driessche, avec **ChantonsenÉglise**

CHANTS

Heureux en Dieu (Ouverture)
EDIT22-07 ; T. : Ph. Goeseels ; M. Grazia Previdi ; ADF-Musique.

(1) Celui qui voudrait être grand, aux yeux de Dieu,
sera le meilleur serviteur, heureux en Dieu !
Celui qui veut être puissant, aux yeux de Dieu,
sera simple et pauvre en esprit, heureux en Dieu !
Celui qui poursuit l'ambition, aux yeux de Dieu,
prendra les chemins du pardon, heureux en Dieu !

Refrain : **Alléluia ! Le Seigneur vient au rendez-vous,
Alléluia ! Son Esprit souffle parmi nous.** *(bis)*

(2) Celui que l'espoir fait vibrer, aux yeux de Dieu,
verra un soleil se lever, heureux en Dieu !
Celui qui voudra témoigner, aux yeux de Dieu,
vivra du cadeau de l'Esprit, heureux en Dieu !
Celui qui désire la paix, aux yeux de Dieu,
sera juste et vrai dans sa vie, heureux en Dieu !

(3) Celui que l'amour a comblé, aux yeux de Dieu,
beaucoup lui sera demandé, heureux en Dieu !
Celui qui veut suivre Jésus, aux yeux de Dieu,
devra laisser tous ses filets, heureux en Dieu !
Celui qui veut naître à la vie, aux yeux de Dieu,
l'eau vive l'attend près du puits, heureux en Dieu !

Retrouvez d'autres chants sur www.chantonseneglise.fr

Au cœur de ce monde (Ouverture)
A238-1; T. : D. Rimaud/©CNPL; M. : J. Berthier; Studio SM.

Refrain : **Au cœur de ce monde, le souffle de l'Esprit
fait retentir le cri de la Bonne Nouvelle !
Au cœur de ce monde, le souffle de l'Esprit
met à l'œuvre aujourd'hui des énergies nouvelles !**

1. **Voyez ! Les pauvres sont heureux : ils sont premiers dans le Royaume !
Voyez ! Les artisans de paix : ils démolissent leurs frontières !
Voyez ! Les hommes au cœur pur : ils trouvent Dieu en toute chose !**

2. **Voyez ! Les affamés de Dieu : ils font régner toute justice !
Voyez ! Les amoureux de Dieu : ils sont amis de tous les hommes !
Voyez ! Ceux qui ont foi en Dieu : ils font que dansent les montagnes !**

3. **Voyez ! Le peuple est dans la joie : l'amour l'emporte sur la haine !
Voyez ! Les faibles sont choisis : les orgueilleux n'ont plus de trône !
Voyez ! Les doux qui sont vainqueurs : ils ont la force des colombes !**

CHANTS

Si le Père vous appelle (Ouverture)
O154-1; T. : D. Rimaud/CNPL ; M. : J. Berthier ; Studio SM.

Refrain : **Tressaillez de joie ! Tressaillez de joie !
Car vos noms sont inscrits pour toujours dans les cieux !
Tressaillez de joie ! Tressaillez de joie !
Car vos noms sont inscrits dans le cœur de Dieu !**

1) Si le Père vous appelle à aimer comme il vous aime,
dans le feu de son Esprit, bienheureux êtes-vous !
Si le monde vous appelle à lui rendre une espérance,
à lui dire son salut, bienheureux êtes-vous !
Si l'Église vous appelle à peiner pour le Royaume,
aux travaux de la moisson, bienheureux êtes-vous !

2) Si le Père vous appelle à la tâche des Apôtres,
en témoins du seul Pasteur, bienheureux êtes-vous !
Si le monde vous appelle à l'accueil et au partage
pour bâtir son unité, bienheureux êtes-vous !
Si l'Église vous appelle à répandre l'Évangile
en tout point de l'univers, bienheureux êtes-vous !

3) Si le Père vous appelle à quitter toute richesse
pour ne suivre que son Fils, bienheureux êtes-vous !
Si le monde vous appelle à lutter contre la haine
pour la quête de la paix, bienheureux êtes-vous !
Si l'Église vous appelle à tenir dans la prière,
Au service des pécheurs, bienheureux êtes-vous !

Me voici, envoie-moi *(Ouverture)*

T. : d'après Isaïe 61 ; M. : C. Géraud ; Béatitudes Productions.

R. Me voici, Seigneur, envoie-moi, me voici pour faire ta volonté. Me voici, choisi pour t'annoncer.

1. L'Esprit du Seigneur est sur moi, il m'a consacré par l'onction, pour porter la bonne nouvelle et guérir les cœurs meurtris.

2. Aux captifs, la libération, aux prisonniers la délivrance, car voici une année de grâce, un jour saint donné par Dieu.

3. Pour apporter un réconfort à tous ceux qui portent le deuil et remplacer toute tristesse par la joie et la louange.

CHANTS

Le Seigneur est mon berger *(Ouverture)*
Z22-10; T. et M. : Communauté du Chemin Neuf; Audiovisuel Musique Évangélisation.

R. Le Seigneur est mon berger, je ne manque de rien.
Sur des prés d'herbe fraîche, il me fait reposer.
Alléluia, alléluia, alléluia a,
alléluia, alléluia, alléluia a !

1. Il me donne la paix, il me fait revivre.
Lui seul est mon chemin, de justice et de joie.

② Si je suis dans la nuit, je n'ai rien à craindre.
   Le Seigneur est présent, lumière sur mes pas.

③ Face à mes ennemis, il refait mes forces.
   Sans fin, j'habiterai la maison du Seigneur.

Dieu nous a tous appelés (Ouverture)

KD14-56-1 ; T. : CNPL/D. Rimaud ; M. : J. Berthier ; Studio SM.

Refrain : **Nous sommes le corps du Christ,
chacun de nous est un membre de ce corps.
Chacun reçoit la grâce de l'Esprit pour le bien du corps entier.** *(bis)*

① Dieu nous a tous appelés à tenir la même espérance,
   pour former un seul corps baptisé dans l'Esprit.
   Dieu nous a tous appelés à la même sainteté,
   pour former un seul corps baptisé dans l'Esprit.

② Dieu nous a tous appelés des ténèbres à sa lumière,
   pour former un seul corps baptisé dans l'Esprit.
   Dieu nous a tous appelés à l'amour et au pardon,
   pour former un seul corps baptisé dans l'Esprit.

③ Dieu nous a tous appelés à chanter sa libre louange,
   pour former un seul corps baptisé dans l'Esprit.
   Dieu nous a tous appelés à l'union avec son Fils,
   pour former un seul corps baptisé dans l'Esprit.

🎵 CHANTS

Jésus, berger de toute humanité (Ouverture)
R310-1; T. : D. Rimaud/CNPL; M. : J. Berthier; Studio SM.

1. **Jésus, berger de toute humanité,
tu es venu chercher ceux qui étaient perdus.**

Refrain : **Prends pitié de nous, fais-nous revenir.
Fais-nous revenir à toi ! Prends pitié de nous !**

2. **Jésus, berger de toute humanité,
tu es venu guérir ceux qui étaient malades.**

3. **Jésus, berger de toute humanité,
tu es venu sauver ceux qui étaient pécheurs.**

Acclamez le Seigneur (Ouverture)
Y69-72; T. : d'après le message de saint Jean-Paul II; M. : J.-B. du Jonchay; Carmelodie.

Refrain : **Acclamez le Seigneur, vous qui marchez sur ses pas,
c'est lui votre Roi ! Ouvrez tout grand vos cœurs,
portez en lui votre croix, c'est lui votre vie, secret de votre joie !**

1. **Jésus, Sauveur de tous les hommes, Jésus, Fils bien-aimé du Père.
C'est lui qui nous a tant aimés. Venez à lui, vous trouverez la paix !**

2. **Le Christ veut combler notre cœur, donner la vie en plénitude,
Lui seul pourra nous rassasier. Accueillez-le, recevez son amour !**

Retrouvez d'autres chants sur www.chantoneneglise.fr

La Sagesse a dressé une table (Communion)
SYLF502; T. : D. Bourgeois/J.-P. Revel/AELF; M. : A. Gouzes; Éd. de l'abbaye de Sylvanès.

Refrain : **La Sagesse a dressé une table, elle invite les hommes au festin.
Venez au banquet du Fils de l'homme, mangez et buvez la Pâque de Dieu.**

① Je bénirai le Seigneur en tout temps,
sa louange est sans cesse à mes lèvres.
En Dieu mon âme trouve sa gloire,
que les pauvres m'entendent et soient en fête !

② Proclamez avec moi que le Seigneur est grand,
exaltons tous ensemble son nom !
J'ai cherché le Seigneur et il m'a répondu,
de toutes mes terreurs il m'a délivré.

③ Tournez-vous vers le Seigneur et vous serez illuminés,
votre visage ne sera pas couvert de honte ;
un pauvre a crié et Dieu a entendu,
le Seigneur l'a sauvé de toutes ses angoisses.

④ L'ange du Seigneur a établi son camp,
il entoure et délivre ceux qui le craignent.
Goûtez et voyez que le Seigneur est doux.
Bienheureux l'homme qui trouve en lui son abri !

LA LITURGIE - LES CHANTS

🎵 CHANTS

Tu fais ta demeure en nous (Communion)
D56-49 ; T. et M. : Chants de l'Emmanuel (S. Drouineau) ; Éd. de l'Emmanuel.

Refrain : **Tu es là présent, livré pour nous. Toi le tout-petit, le serviteur.
Toi, le Tout-Puissant, humblement tu t'abaisses.
Tu fais ta demeure en nous, Seigneur.**

① **Le pain que nous mangeons, le vin que nous buvons, c'est ton corps et ton sang,
tu nous livres ta vie, tu nous ouvres ton cœur, tu fais ta demeure en nous, Seigneur.**

② **Par le don de ta vie, tu désires aujourd'hui reposer en nos cœurs, brûlé de charité,
assoiffé d'être aimé, tu fais ta demeure en nous, Seigneur.**

Laudate omnes gentes (Action de grâce)
T. : Ps 117 ; M. : J. Berthier ; Ateliers et Presses de Taizé.

Devenez ce que vous recevez (Communion)

D68-39 ; T. : J.-L. Fradon ; M. : B. Ben ; L'Emmanuel.

Refrain : **Devenez ce que vous recevez, devenez le corps du Christ.**
Devenez ce que vous recevez, vous êtes le corps du Christ.

① **Baptisés en un seul Esprit,**
nous ne formons tous qu'un seul corps ;
abreuvés de l'unique Esprit,
nous n'avons qu'un seul Dieu et Père.

② **Rassasiés par le pain de vie,**
nous n'avons qu'un cœur et qu'une âme ;
fortifiés par l'amour du Christ,
nous pouvons aimer comme il aime.

③ **Purifiés par le sang du Christ**
et réconciliés avec Dieu,
sanctifiés par la vie du Christ,
nous goûtons la joie du Royaume.

④ **Rassemblés à la même table,**
nous formons un peuple nouveau :
bienheureux sont les invités
au festin des noces éternelles.

⑤ **Appelés par Dieu notre Père**
à devenir saints comme lui,
nous avons revêtu le Christ,
nous portons la robe nuptiale.

⑥ **Envoyés par l'Esprit de Dieu**
et comblés de dons spirituels,
nous marchons dans l'amour du Christ,
annonçant la Bonne Nouvelle.

⑦ **Rendons gloire à Dieu notre Père**
par Jésus son Fils bien-aimé,
dans l'Esprit, notre communion
qui fait toutes choses nouvelles.

CHANTS

Partageons le pain du Seigneur *(Communion)*
D39-31 ; T. : J. Hameline ; M. : J. Berthier / Populaire ; Bayard.

R. Partageons le pain du Seigneur à la table de l'univers. C'est le don sans retour de l'amour de notre Dieu.

1. Venez à moi, vous tous qui succombez sous la fatigue, c'est moi qui porterai le poids de votre peine.

Refrain : **Partageons le pain du Seigneur à la table de l'univers.
C'est le don sans retour de l'amour de notre Dieu.**

2. **Venez à moi, vous tous qui gémissez sous l'injustice,
c'est moi qui suis pour vous la loi libératrice.**

3. **Venez à moi, vous tous qui trébuchez dans les ténèbres,
sur vous s'élèvera l'éclat de ma lumière.**

4. **Venez à moi, vous tous dont on méprise l'espérance,
je viens pour relever les humbles qui attendent.**

5. **Venez à moi, vous tous qui avez faim du don céleste,
je viens pour partager le pain de votre vie.**

6. **Venez à moi, vous tous qui cheminez sans but sur terre,
je viens pour vous montrer la route vers le Père.**

7. **Venez à moi, vous tous qui convoitez richesse et gloire,
en moi la pauvreté a trouvé sa noblesse.**

8. **Venez à moi, vous tous qui avez soif de ma parole,
en moi vous trouverez la force inépuisable.**

CHANTS POUR L'ORDINAIRE

MESSE DE L'ERMITAGE

Préparation pénitentielle

SYLE501; T. : AELF; M. : A. Gouzes; Abbaye de Sylvanès.

1.-3. Seigneur, prends pitié, Seigneur, prends pitié, Seigneur, prends pitié.

2. Ô Christ, prends pitié, ô Christ, prends pitié, ô Christ, prends pitié.

1. Seigneur Jésus, envoyé par le Père pour guérir et sauver les hommes, prends pitié de nous.
2. Ô Christ, venu dans le monde appeler tous les pécheurs, prends pitié de nous.
3. Seigneur, élevé dans la gloire du Père où tu intercèdes pour nous, prends pitié de nous.

Gloria

SYLE502; T. : AELF; M. : A. Gouzes; Abbaye de Sylvanès.

CHANTS

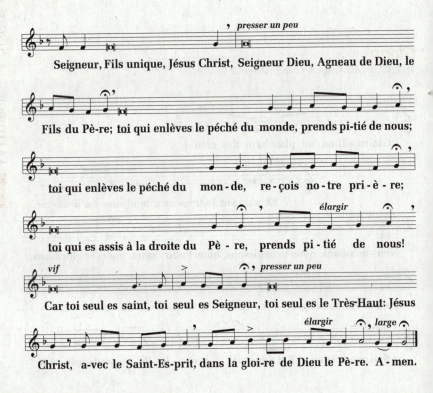

Sanctus

SYLE505; T. : AELF; M. : A. Gouzes; Abbaye de Sylvanès.

Saint! Saint! Saint, le Seigneur, Dieu de l'univers!
Le ciel et la terre sont remplis de ta gloire.
Hosanna au plus haut des cieux!
Béni soit celui qui vient au nom du Seigneur!

🎼 CHANTS

Anamnèse
SYLE506; T. : AELF; M. : A. Gouzes; Abbaye de Sylvanès.

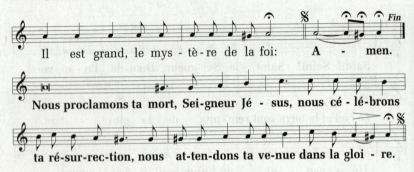

Il est grand, le mystère de la foi : A - men.
Nous proclamons ta mort, Seigneur Jésus, nous célébrons ta résurrection, nous attendons ta venue dans la gloire.

Agnus Dei
SYLE508; T. : AELF; M. : A. Gouzes; Abbaye de Sylvanès.

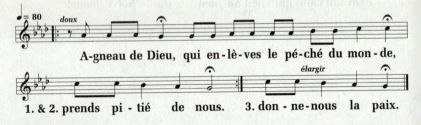

Agneau de Dieu, qui enlèves le péché du monde,
1. & 2. prends pitié de nous. 3. donne-nous la paix.

CROISIÈRE-PÈLERINAGE D'EXCEPTION

UNE SÉLECTION
PrionsenÉglise

ORGANISATION
RIVAGES DU MONDE

LE RHIN DES CATHÉDRALES

À la découverte du patrimoine spirituel et culturel de la vallée rhénane

DU 14 AU 21 NOVEMBRE 2021

LES POINTS FORTS

- La découverte des joyaux du Rhin : Amsterdam, Cologne, Coblence, Rüdesheim, Heidelberg, Strasbourg
- Une animation spirituelle
- Des conférences et des ateliers
- Excursions incluses

AVEC VOUS À BORD

FABIENNE MARTET
Musicologue. Animatrice liturgique de la croisière.

PÈRE SÉBASTIEN ANTONI
Assomptionniste, journaliste numérique au secteur religieux de Bayard et du Pèlerin. Animateur spirituel.

À BORD DU M/S OLYMPIA

COVID 19 - Voyagez sereinement. En fonction de l'évolution de la pandémie, un protocole sanitaire optimal sera mis en place par Rivages du Monde

DOCUMENTATION GRATUITE AU 01 58 36 08 31 (CODE PEE14) OU WWW.RIVAGESDUMONDE/PELERIN.FR

POUR VIVRE AVEC LES MALADES, DES TEMPS DE PRIÈRE ADAPTÉS

NOUVEAU

Prions en Église a conçu ce hors-série pour vous aider à prier avec des personnes âgées, malades ou handicapées : **15 mini rituels** pour faire route avec Dieu lors des temps liturgiques ou de circonstances particulières *(le dimanche, au Temps Pascal...).* Pour chaque rituel, **une lecture de la parole**, un commentaire, des pistes de partage, une prière et un chant.

Dans ce guide également : une préparation à **l'onction des malades** et au **sacrement de la réconciliation**, une fiche aidant à suivre **la messe télévisée** et **des idées de décoration** pour embellir le lieu de prière avec le malade.

UN GUIDE UTILE ET COMPLET POUR FAIRE ROUTE AVEC DIEU AU TEMPS DU GRAND ÂGE ET DE LA MALADIE.

♁ PrionsenÉglise

- Format 14,5 x 16 cm - 48 pages - **7,50€**

Disponible en librairies et sur librairie-bayard.com/priermalades
Par téléphone au 0 825 066 165 Service 0,18 € / min + prix appel

Code offre : BI72394

JUILLET 2021
LES RENDEZ-VOUS

Inspirations bibliques
Père Jacques Nieuviarts *p. 262*

Trésors de la liturgie
Sœur Emmanuelle Billoteau *p. 267*

Question de Dieu
Sœur Anne Lécu *p. 264*

Sagesses du désert
Jean-Guilhem Xerri *p. 270*

Témoignage de lecteur *p. 272*	Reportage *p. 278*
Question du mois *p. 274*	Messes TV radio *p. 281*
Pèlerinage *p. 275*	Culture *p. 282*
Église du monde *p. 276*	Agenda *p. 285*

Photos : 1 : P-E. Charon ; 2 : F. Brochoire/Signatures ; 3 : DR ; 4 : CIRIC.

INSPIRATIONS BIBLIQUES

Père Jacques Nieuviarts, assomptionniste

Sous les blés couleur d'or, l'arbre de Jessé !

Ruth glane dans les champs au temps de moissons. Avec Booz, ils engendreront la lignée de Jessé et traceront le chemin de la venue du Christ (Rt 1 – 4).

Au temps où gouvernaient les Juges, Noémi (ce qui signifie « ma gracieuse ») avait quitté Bethléem en raison de la famine, avec Élimélek son mari. Ils partirent pour les plaines d'au-delà du Jourdain, au pays de Moab, où Élimélek mourut. Leurs deux fils y prirent femme. Mais moururent eux aussi. Leurs veuves, Orpa et Ruth, aimaient Noémi et lui demeurèrent attachées, au point que Ruth (« compagne ») la suivit, quand les jours devinrent meilleurs et qu'elle reprit le chemin de Bethléem. « Où tu iras, j'irai, lui dit Ruth […], ton peuple sera mon peuple, et ton Dieu sera mon Dieu » (Rt 1, 16). Elle parlait comme Rébecca, merveilleuse étrangère elle aussi, disponible à la voix de Dieu et qui devint l'épouse d'Isaac, dont naquit Jacob, l'ancêtre des douze tribus d'Israël (Gn 24).

Noémi et Ruth arrivèrent à Bethléem au temps de la moisson de l'orge puis du blé, et Ruth partit glaner dans les champs d'alentour comme une pauvre, à la fois veuve et étrangère. « Lorsque vous moissonnerez vos terres, tu ne moissonneras pas jusqu'à la lisière du champ, prescrit en effet la Torah. Tu ne ramasseras pas les glanures de ta moisson : tu les laisseras au pauvre et à l'immigré » (Lv 23, 22). Les champs appartenaient à Booz, qui ordonna à ses serviteurs de la laisser faire et même parfois de laisser tomber eux-mêmes un peu d'orge ou de blé, pour qu'elle puisse le recueillir. Booz était proche parent de Noémi. Il était celui qui avait droit ou devoir de rachat à son égard, c'est-à-dire de la sauver (le mot hébreu « goël », utilisé ici, a ce sens fort dans la Bible) et de lui assurer une descendance. Booz fit ainsi et épousa Ruth. La fin du livre de Ruth dit en peu de mots : « Booz engendra Obed, Obed engendra Jessé, et Jessé engendra David » (Rt 4, 21-22). Telles sont donc les racines de l'arbre de Jessé rattachant David à la descendance de Juda, la tribu messianique. Noémi et Ruth y occupent, avec Booz, une place essentielle. L'étonnante fidélité de Ruth, sa disponibilité à quitter sa terre et à adopter le peuple et le Dieu de Noémi, la fidélité de Booz à la Torah et sa profonde bonté, tracèrent donc le chemin de la venue du Messie, par-delà les terres étrangères, comme le souligne Matthieu dans la généalogie qui ouvre son livre (Mt 1, 5).

Face aux blés couleur d'or de l'été, il faut laisser chanter en nous les récits de la Bible et les relire, pour accueillir à travers eux la voix de Dieu. ∎

> « Lorsque vous moissonnerez vos terres, tu ne ramasseras pas les glanures : tu les laisseras au pauvre. »

QUESTION DE DIEU

Sœur Anne Lécu, dominicaine

« Que cherchez-vous ? »

Jésus pose cette question aux disciples. À ceux venus l'arrêter, il demande : « Qui cherchez-vous ? » Il répétera cette interpellation à Marie Madeleine au matin de Pâques.

Au tout début de l'évangile de saint Jean, le Baptiste désigne Jésus aux siens par ces mots : « Voici l'Agneau de Dieu. » Les disciples entendent et se mettent à suivre Jésus. Alors Jésus se retourne et leur demande : « Que cherchez-vous ? » (Jn 1, 38). À cette question, ils répondent par une autre : « Maître, où demeures-tu ? » Et Jésus les invite : « Venez et vous verrez. » Texte énigmatique dont on entend deux mille ans plus tard la puissance. Que cherchons-nous vraiment ? Il ne nous est fait aucune réponse sinon cette invitation à se mettre en route, sans autre garantie que la confiance en cette parole. Au chapitre 18 de l'évangile de Jean, lors de son arrestation, Jésus repose la même question ou presque la même : « Qui cherchez-vous ? » (et non plus « que »). Comme si, malgré les incompréhensions, nous avions compris que ce que nous cherchons n'est pas une chose, ni une situation, ni un pouvoir, mais quelqu'un. Ceux qui viennent l'arrêter donnent son nom. Jésus répond de façon solennelle à deux reprises : « Moi, je le suis. » L'évangile est un écho au nom de Dieu dans le livre de l'Exode : « Je-Suis » (Ex 3, 14). Mais ces hommes ne cherchent pas Jésus comme les disciples le cherchaient, puisqu'ils viennent pour l'arrêter. Qu'est-ce donc que chercher Jésus ? Le désirer ou le maîtriser ?

Vient enfin la troisième fois que Jésus questionne. C'est le matin de Pâques, une femme pleure devant le tombeau de son bien-aimé car elle l'a perdu deux fois. Elle l'a perdu dans la mort et voilà que son corps n'est plus dans le tombeau. Deux anges lui ...

Christ apparaissant à Marie Madeleine sous les traits d'un jardinier, détail d'enluminure, manuscrit anglais du XVe siècle.

Première Alliance

« Dieu, tu es mon Dieu, je te cherche dès l'aube : mon âme a soif de toi; après toi languit ma chair, terre aride, altérée, sans eau. »   Psaume 62, 2

QUESTION DE DIEU

... demandent : « Femme, pourquoi pleures-tu ? », puis un jardinier : « Qui cherches-tu ? » (Jn 20, 13. 15). Cette question tellement douce et consolante est comme un écho de la supplique de Dieu au jardin de la Genèse : « Où es-tu ? » (Gn 3, 9). Si Marie peut à son tour chercher en vérité son Seigneur, authentiquement comme tous ceux qui ont tout perdu, et se laisser trouver par lui, c'est parce que Dieu cherche l'homme depuis les origines du temps, et qu'il est allé le chercher jusque dans les entrailles de la terre, au fond du fond du malheur.

Pour questionner les disciples de Jean, Jésus s'était retourné vers eux. Cette fois, il appelle Marie et c'est elle qui se retourne à son nom. Peut-être qu'entendre la question de Jésus, c'est passer du « Que cherchez-vous » au « Qui cherches-tu ? », le laisser venir à nous, écouter sa voix qui prononce comme nulle autre notre nom et se laisser retourner par lui ? ■

Nouvelle Alliance

« *Il leur demanda de nouveau : "Qui cherchez-vous ?"*
Ils dirent : "Jésus le Nazaréen."
Jésus répondit : "Je vous l'ai dit : c'est moi, je le suis.
Si c'est bien moi que vous cherchez, ceux-là,
laissez-les partir." »

Jean 18, 7-8

TRÉSORS DE LA LITURGIE
Sœur Emmanuelle Billoteau, ermite

Quand la liturgie nous façonne

La liturgie nous enseigne à être à Dieu et à être au monde, à nous situer dans la justesse par rapport à nous-mêmes et à nos semblables. Elle nous enracine dans l'action de grâce, une disposition du cœur qui s'inscrit dans une dynamique essentiellement relationnelle.

Les rites de la préparation des dons, le pain et le vin, sont des gestes simples accompagnés de prières auxquelles nous ne prêtons pas toujours attention. Elles commencent ainsi : « Tu es béni, Dieu de l'univers, toi qui nous donnes ce pain, fruit de la terre et du travail des hommes ; nous te le présentons : il deviendra le pain de la vie. » Prière à laquelle répond l'assemblée sur ce même thème de la bénédiction : « Béni soit Dieu, maintenant et toujours ! » Puis vient la préparation de la coupe. Le prêtre ajoute de l'eau au vin, un geste qu'il accompagne de cette demande : « Comme cette eau se mêle au vin pour le sacrement de l'Alliance, puissions-nous être unis à la divinité de celui qui a pris notre…

TRÉSORS DE LA LITURGIE

humanité. » Et il poursuit : « Tu es béni, Dieu de l'univers, toi qui nous donnes ce vin, fruit de la terre et du travail des hommes; nous te le présentons : il deviendra le vin du Royaume éternel. » Prière à laquelle répond l'assemblée dans les mêmes termes que pour le pain. Ensuite le prêtre implore Dieu pour que « notre sacrifice […] trouve grâce devant [lui] ».

Le monde est un don

Ces paroles – bénédictions et demandes – sont à rapprocher des bénédictions juives sur les repas, en particulier le repas pascal. Dieu en tant que créateur est donateur de tout bien : du monde qui nous entoure et de ce qu'il produit. Ici, le priant se situe comme créature en relation tant avec son créateur qu'avec le cosmos. Il reconnaît également la place spécifique qu'il occupe en transformant les dons de Dieu en pain et en vin. Mais les fruits de ce travail sont offerts, présentés et comme « rendus » pour que Dieu les consacre. À travers ce rituel, la liturgie nous apprend à reconnaître, au-delà de la seule célébration de l'eucharistie, que le monde est un don qu'il nous appartient de sanctifier. Nous sommes ici aux antipodes d'une vision strictement utilitaire de la réalité et d'un consumérisme destructeur. Si l'être humain est le « roi » de la Création, il l'est comme un être à l'« image et ressemblance de Dieu » qui est bon et se plaît à donner vie et croissance à tout ce qu'il appelle à l'existence. D'ailleurs, la Bible nous enseigne notre solidarité avec le cosmos, aussi bien dans la « chute » (Gn 3) que dans le salut (Rm 8). Car Dieu se souvient de la terre (Lv 26, 42) avec laquelle il a fait Alliance (Gn 9, 9) et qu'il a confiée aux humains, désormais responsables vis-à-vis d'elle.

Bénir, rendre grâce, c'est donc entrer consciemment dans un mouvement d'accueil, de don et de reconnaissance que Dieu seul a la vie en lui-même et que, comme créatures, nous la recevons. La préparation du vin oriente notre contemplation vers l'unité sans confusion de la nature humaine (symbolisée par l'eau) et de la nature divine (symbolisée par le vin) dans la personne du Christ et donc, vers l'admirable échange par lequel Dieu a pris notre nature humaine pour nous unir à lui et nous diviniser. Ce peu d'eau symbolise aussi notre participation au sacrifice du Christ.

Pour nous modernes, le terme de sacrifice peut prêter à confusion. Nous l'appréhendons souvent sous un angle négatif. Comment le comprendre ici ? Peut-être le psaume 39 nous revient-il en mémoire : « Tu ne voulais ni offrande ni sacrifice [...] alors j'ai dit : "Voici, je viens" » (Ps 39 [40], 7. 8). Un psaume repris dans la lettre aux Hébreux pour parler du don que le Christ a fait de sa vie par amour du Père et de l'humanité : « Tu m'as formé un corps. [...] Je suis venu, mon Dieu, pour faire ta volonté » (He 10, 5. 7). Saint Augustin s'est beaucoup intéressé à cette notion. Pour lui, le sacrifice « consiste en toute œuvre faite en vue de nous unir à Dieu en une sainte communion » (*Cité de Dieu* X, 5). Dans ce que nous offrons, nous nous offrons nous-mêmes, l'horizon étant la béatitude, la vie, le Royaume. ∎

> *Bénir, rendre grâce, c'est donc entrer consciemment dans un mouvement d'accueil, de don et de reconnaissance.*

SAGESSES DU DÉSERT

Jean-Guilhem Xerri, auteur de *(Re)vivez de l'intérieur,*
Les éditions du Cerf, 2019

Les maladies spirituelles

Pour les Pères du désert, aux côtés des pathologies du corps et du mental, il existe des maladies liées à la vie spirituelle.

« Abba, comment attrape-t-on une maladie spirituelle ? » demanda un disciple à un Père du désert.

Pour les Pères, les maladies liées à la vie spirituelle sont dues à un mauvais usage de certaines de nos facultés intérieures, sous l'influence des pensées qui parfois occupent nos esprits. Utilisant nos sensations, notre imagination, notre mémoire ou nos raisonnements, ces pensées prennent la forme d'images, de souvenirs, de ruminations, d'anticipations ou de rationalisations, pouvant nous enfermer dans la tristesse, l'inquiétude, l'envie ou la colère. Hésychius, théologien byzantin du VIIe siècle, a décrit le *modus operandi* des pensées en cinq étapes. D'abord la suggestion, qui désigne l'apparition dans la conscience d'une pensée, ensuite la complicité, où l'intelligence commence à s'entretenir avec elle, puis vient l'adhésion, par laquelle la volonté consent, alors est permise la réalisation, qui parfois évolue vers l'habitude. Ces pensées sont comme des déviateurs qui peuvent détourner notre intelligence, nos désirs et notre force intérieure de leur usage naturel et nous rendre malades.

Huit maladies ont été identifiées : l'avidité de choses matérielles, de sexe ou d'argent, la tristesse, l'agressivité, l'acédie, la recherche d'honneurs, la volonté de toute-puissance. Toutes trouvent leur source dans un amour excessif de soi, que les Pères appellent la philautie. Jean Damascène, moine syriaque du VIIe siècle, en fait l'objet du combat spirituel : « Que les pensées nous troublent ou pas fait partie des choses qui ne dépendent pas de nous. Mais qu'elles demeurent ou pas en nous fait partie de ce qui est en notre pouvoir. Une chose est la suggestion et autre chose est le consentement. »

Comment pouvons-nous nous sentir concernés par cet apophtegme ? « Un vieillard dit : "Sois comme celui qui, sur le marché, traverse une auberge et respire l'odeur de la cuisson ou d'un rôti. S'il le désire, il entre pour manger ; sinon il respire seulement l'odeur en passant et s'en va. Il en va de même pour toi : écarte-toi de la mauvaise odeur et réveille-toi. Car nous n'avons pas à déraciner les pensées mais à leur résister". » ■

© Gaëtan Evrard

« Nous n'avons pas à déraciner les pensées mais à leur résister. »

Qui étaient les Pères du désert ?

Des hommes et des femmes, pionniers de la vie monastique. Ils s'installent à partir du IVe siècle dans les déserts d'Égypte et de Syrie pour vivre leur foi en petites communautés ou en solitaires. On appelle « apophtegmes » leurs conseils.

TÉMOIGNAGE DE LECTEUR

Propos recueillis par le **père Jean-Paul Musangania**, assomptionniste

« Je prie chaque soir avec mon petit-fils »

Anne-Marie, 85 ans, paroissienne à l'église Saint-François, Montpellier (34), témoigne de sa prière partagée avec son petit-fils Daniel, 26 ans.

« Depuis le premier confinement, mon petit-fils Daniel est revenu à la maison, d'où il peut télétravailler tout en m'accompagnant et faisant mes courses. Je l'ai accueilli dès ses onze ans, après la mort de son père et en raison de la santé fragile de sa mère. Depuis lors, je l'ai incité à la prière et à la fréquentation des sacrements. Quelle joie de le voir prier au quotidien à mes côtés au milieu des exigences de ses responsabilités comme ingénieur ! Chaque jour, nous prions ensemble : nous prenons un temps de silence en invoquant le nom de Jésus, chacun de notre côté.

J'ai, dans ma journée, d'autres moments où je prie seule avec mon *Prions en Église* en méditant une phrase ou un mot qui m'a touchée, en invoquant l'Esprit Saint, toujours. Dans ces petits moments libres, je récite plusieurs fois le chapelet de la Divine Miséricorde. C'est un moment

où je peux intercéder pour le monde entier, pour mes proches et ma famille – dont la maman de Daniel et une belle-sœur souffrante depuis de longues années. J'entends le Seigneur me dire : « Même au creux des difficultés, sois toujours joyeuse et prie sans cesse et, en toute chose, rends grâce à Dieu. »

Le soir, je retrouve Daniel pour prier ensemble. Nous rendons grâce à Dieu tous les deux pour toutes les attentions au cours de la journée. Nous lisons et commentons les textes du jour à tour de rôle. Après nos échanges, Daniel chante de mémoire des hymnes et des psaumes de louange comme « Le Seigneur est mon berger ». J'apprécie particulièrement ce moment partagé chaque soir avec mon petit-fils. Il m'aide à me ressaisir et à découvrir d'autres appels de l'Évangile passés inaperçus dans ma méditation personnelle. Mille mercis Seigneur ! J'ai un ardent désir de te louer et t'adorer. » ■

Pourquoi « aller » en e-pèlerinage ?

QUESTION DU MOIS

Une évasion culturelle et spirituelle bienvenue en ces temps troublés, la joie d'être portés par l'art et la beauté dans un lieu au cœur de notre foi... Des centaines d'internautes manifestent leur intérêt pour les pèlerinages en ligne. Et pour cause. Confiné, qui n'a pas besoin de s'évader ? Et notre foi devrait-elle alors tourner au ralenti, comme les commerces et les écoles, ou lorsque notre santé nous empêche de prendre l'avion ? Non, « partir » en ligne à Jérusalem, à Lourdes, à Compostelle, nous permet de fortifier notre foi, à travers des exhortations spirituelles, grâce à la prière, à la messe, au chapelet et au témoignage des chrétiens sur place. Et même si chacun voyage depuis son écran, une communion fraternelle est possible : « Ce périple à Rome, se réjouit un e-pèlerin, m'a donné l'occasion de prier et de me sentir en union avec tous ces inconnus qui, comme moi, suivaient visites, réflexions et prières. » Oui, Internet peut être un merveilleux outil pour se sentir proches les uns des autres, que ce soit par la prière ou dans des groupes de discussion. Bien sûr, manque le fait de ressentir la présence de l'autre, en chair et en os à nos côtés. Exit aussi la chaleur caniculaire, la sueur et les cernes qui forgent un groupe, ou encore la joie de chanter en chœur dans une basilique romane à l'acoustique exceptionnelle. L'e-pèlerinage n'en demeure pas moins une formidable aubaine. ■

Thibault Van Den Driessche, *assomptionniste*

PÈLERINAGE

MONT-SAINT-MICHEL
Nouveaux itinéraires spirituels

Depuis le Moyen Âge, le cœur des pèlerins s'éveille à l'évocation du mont Saint-Michel. Et quelle joie de l'entrevoir, tout proche, entre présalés, brumes ou nuages. *Prions en Église* est resté attentif ces derniers mois au développement de nouveaux chemins vers le mont Saint-Michel qui se tracent aujourd'hui et que nous désirons vous proposer de suivre avec nous : par train, en bus, à pied… et même à vélo électrique. Le patrimoine rencontré alors est riche et la foi y respire, s'y construit. À bientôt ici même, pour vous proposer ces nouveaux itinéraires ! ■

Père Jacques Nieuviarts, *assomptionniste*

PRATIQUE Plus d'informations à partir du 1er juin sur le site : https://voyages.la-croix.com/e-pelerinages/

ÉGLISE DU MONDE

Isabelle Lestrade, volontaire de solidarité internationale avec la DCC

Un esprit de communauté

« J'étais volontaire en tant qu'enseignante à l'école Saint-Vincent-de-Paul de Yaoundé (Cameroun), fondée par la congrégation des Lazaristes, qui accueille des enfants des familles pauvres. Logée au séminaire, partageant les offices et les repas avec cette communauté, j'ai eu l'immense joie de participer aux ordinations des nouveaux membres de la congrégation. Ici au Cameroun, le don de sa vie au Seigneur est toujours un événement qui se fête en grande pompe. Pour l'occasion, 2 000 invités sont venus dans l'enceinte du scolasticat et ont joint leur voix aux actions de grâce pour l'engagement vocationnel des futurs prêtres. L'esprit de communauté est très marqué. Pour que la cérémonie soit la plus belle possible, chacun voulait participer à sa manière à l'organisation générale : l'accueil, la décoration, la cuisine, le service des repas… Pour ma part, j'ai été touchée par la force et le sens de l'engagement pris par les jeunes ordinants qui ont proclamé : "Oui, Seigneur, je veux continuer à te suivre et me mettre au service de mon prochain. Me voici !" J'ai reçu cela aussi comme un témoignage à vivre, chacun là où nous sommes, notre vocation de baptisé. » ■

EN PARTENARIAT AVEC LA DÉLÉGATION CATHOLIQUE POUR LA COOPÉRATION. HTTP://LADCC.ORG

Cérémonie d'ordination au séminaire des Lazaristes, Yaoundé (Cameroun).

REPORTAGE

Père Jean-Paul Musangania, assomptionniste

Comment les étudiants ont-ils vécu le confinement ?

En France, un étudiant catholique sur trois a été confronté à une détresse spirituelle durant le confinement, d'après le résultat d'une enquête en ligne de la Conférence des évêques de France. Pour s'en sortir, des étudiants concilient accompagnement spirituel et engagement auprès des personnes vulnérables.

Le confinement a perturbé la vie de nombreux étudiants. « Malgré ma résolution de m'impliquer dans la vie associative sur le campus pour tisser les liens avec les autres, le premier confinement a estompé mon enthousiasme, regrette Toukam. Du jour au lendemain, les cours à distance se sont chevauchés sur les créneaux horaires de notre rencontre d'aumônerie. » Cette absence de rencontres conviviales a durement affecté cette étudiante à l'École nationale de la statistique et de l'administration économique (ENSAE). « Je me suis repliée sur moi-même », témoigne la jeune femme qui vit pour la première fois loin de ses parents.

Il en est de même pour Clément. L'étudiant au département de physique de l'École normale supérieure Paris-Saclay vit péniblement le passage complet au numérique non seulement pour ses cours, mais aussi pour ses activités associatives. « Le plus difficile pendant le confinement est d'avoir comme seul interprète l'écran de mon ordinateur avec une réelle rupture du lien social », relève le jeune normalien.

Aumônier des étudiants à Paris, le père Jacques Enjalbert constate une « détresse psychologique ». « Le confinement a créé un repli sur soi chez les étudiants que j'accompagne. Il y a un vrai besoin de s'éloigner des écrans et de se retrouver "en vrai". » Pour y répondre, ce jésuite organise chaque week-end un partage biblique en petites fraternités – de six étudiants,

Groupe de partage de la parole de Dieu à l'aumônerie de Sciences Po, Paris (VIIe), avril 2021.

mesures barrières obligent – depuis la réouverture des églises, en plus de la pastorale d'écoute auprès des jeunes.

Pour rompre l'isolement, certains étudiants font appel aux aumôniers, comme le père Enjalbert, pour être accompagnés. Après avoir broyé ...

REPORTAGE

... du noir face au travail virtuel systématique, Anaëlle, étudiante à une école d'ingénieurs à Paris, se félicite d'avoir pris conseil auprès de son accompagnateur sulpicien : « Il m'a encouragé dans ma décision de changer d'orientation scolaire pour avoir plus de liens. Dès la rentrée prochaine, je vais me tourner vers une formation professionnelle en alternance pour tisser des contacts avec le patron et l'entreprise. » En attendant, la jeune étudiante mobilise un groupe d'une dizaine d'amis, chaque lundi soir, pour faire une maraude aux abords des métros parisiens, en partenariat avec la Mairie du VIe arrondissement. « Nous nous retrouvons après chaque maraude sur le parvis de l'église Saint-Sulpice pour confier au Seigneur les noms et les visages de toutes les personnes en grande fragilité que nous avons rencontrées dans la rue. » ■

La foi soutient les étudiants catholiques dans la crise

94 % des étudiants catholiques sondés affirment que la foi les a aidés à traverser la crise, du fait de leur confiance et de leur espérance en Dieu (61%), de la présence de Dieu dans l'épreuve (51%) et du soutien de la prière (41%) ; viennent ensuite les relations communautaires (31%) (www.prioneneglise.fr/enquete-etudiants).

LES MESSES TÉLÉ ET RADIO

LE JOUR DU SEIGNEUR – FRANCE 2 (11 heures)

4/7 Sanctuaire Notre-Dame-de-Bon-Port, Antibes (06).
Prédicateur : P. Benoît Dubigeon, franciscain.

11/7 Église Saint-Nicolas, Le Rœulx (Belgique).
Prédicateur : P. Olivier Fröhlich.

18/7 *Information non confirmée.*

25/7 *Information non confirmée.*

FRANCE CULTURE (10 heures)

4/7 Chapelle Notre-Dame de la Médaille miraculeuse, Paris (VIIe).
Prédicateur : P. Emmanuel Tois.

11/7 Cathédrale Saint-Pierre, Montpellier (34).
Prédicateur : P. Michel Plagniol.

18/7 Cathédrale Saint-Louis, La Rochelle (17).
Prédicateur : P. Bertrand Monnard.

25/7 Chapelle Sainte-Anne, Troguéry (22).
Prédicateur : P. Guillaume Caous.

Informations communiquées sous réserve de modifications.

CULTURE

LIVRES

À Compostelle
Hommages au chemin de Saint-Jacques
sous la dir. de Gaële de La Brosse, Salvator, 116 p.
En cette année jacquaire, un collectif de trente-quatre personnalités nous livre le témoignage intime de leur pèlerinage vers Saint-Jacques-de-Compostelle. « Ce chemin a mis à jour des parties de moi-même dont j'ignorais jusqu'à l'existence : il m'a sauvé la vie ! » confie par exemple Mahdi Alioui. Tous dévoilent ici avec sincérité et humour, la joie retrouvée sur cet itinéraire millénaire.

Le livre de prière des grands-parents
de Sylvie Bethmont-Gallerand, Mame, 128 p.
Avec la première Journée mondiale des grands-parents et des personnes âgées (lire p. 287), Sylvie Bethmont-Gallerand propose une gerbe de soixante prières, les unes pour aider les grands-parents à prier en couple, les autres avec leurs petits-enfants. Enrichi de conseils pratiques et d'idées au fil des temps liturgiques et au gré des événements de la vie, ce guide est un outil précieux pour transmettre la foi aux jeunes.

Je réveillerai l'aurore
La Bible en couleur et en musique
d'Anne Lécu, Bayard, 96 p.
La sœur dominicaine Anne Lécu, contributrice de *Prions en Église*, propose vingt-quatre méditations inédites. Un voyage autour des innombrables couleurs et musiques de la Bible : l'arc-en-ciel, qui soutient l'homme dans son désir de rencontrer Dieu, la cithare, qui accompagne le chant joyeux de gratitude… Le lecteur ne peut que s'émerveiller de cette profusion de couleurs et de sons présents dans la Bible. ■

P. Jean-Paul Musangania

Le paradis, Maurice Denis (1912), musée d'Orsay, Paris.

EXPOSITION

Sur les chemins du paradis

L'exposition inaugure le nouveau pôle culturel Les Franciscaines de Deauville. Son thème n'est pas né par hasard : « Après les tragédies des attentats survenus en 2015, il était important d'aborder le dialogue des cultures à partir des trois ensembles culturels que constituent dans notre pays le judaïsme, le christianisme et l'islam. Quelle plus belle entrée dans ce dialogue que celle qui met en jeu les aspirations à la félicité promises par les paradis ! » souligne Thierry Grillet, commissaire de l'exposition. ■

Benoît de Sagazan, *rédacteur en chef du Monde de la Bible*

Jusqu'en août 2021 – Les Franciscaines – 45b, av. de la République
14800 Deauville – www.lesfranciscaines.fr

NOS ACTUS

Les sept familles dans la Bible

Connaissez-vous les familles de la Bible ? Ressemblent-elles à nos propres histoires ? Pour le découvrir, *Prions en Église* vous propose sur son site internet un parcours pour toute la famille. Petits et grands, rendez-vous le 7 juillet, et pour sept semaines, pour jouer, chanter, prier et lire la Bible avec frère Philippe Lefebvre, dominicain. ■

Amandine Boivin

Parcours gratuit, sur inscription, du 7 juillet jusqu'au 18 août sur :
prionseneglise.fr/7familles

CULTURE

CD

Missionnaire sans bateau
D'après des textes de Madeleine Delbrel

Stéphanie Lefebvre, ADF Musique

Assistante sociale en milieu ouvrier, Madeleine Delbrel (dont la cause de béatification est en cours) a consacré sa vie à la rencontre et au dialogue. Par des chansons inspirées de ses écrits, Stéphanie Lefebvre nous rend proche cette grande figure spirituelle du XXe siècle.

Le baptême pour la vie

Sœur Agathe, CRER – Bayard

Un livre-CD illustré pour éveiller les enfants (4-8 ans) au sens du baptême. Par des petites catéchèses et des chants, sœur Agathe présente ce sacrement comme le début d'un chemin où l'on découvre combien Dieu nous aime. Recevoir le baptême : un cadeau pour toute la vie. ■

Dominique Pierre, rédacteur en chef de *Chantons en Église*

NUMÉRIQUE

Ma foi, pourquoi pas ?

Fondacio propose le podcast « Ma foi, pourquoi pas ? » aux 14-18 ans pour les aider à découvrir l'appel de Dieu et les accompagner partout où ils se trouvent malgré la pandémie. Au fil des épisodes, les jeunes auditeurs se laissent éclairer par d'excellents accompagnateurs laïcs ou ecclésiastiques après avoir partagé leur questionnement sur la foi : « Dieu peut-il m'aider à faire des choix ? », « Mes parents sont croyants, et moi ? », etc. ■

https://jeunes.fondacio.fr/podcast-spi

P. Jean-Paul Musangania

AGENDA

Informations communiquées sous réserve de modifications.

À l'heure où nous imprimons, nous ne pouvons prévoir les conditions d'ouverture des centres spirituels ou de formation. Leur site internet précise, selon les circonstances, ce qui se tient en ligne ou en présence.

Grand-Nord-Ouest

ÉPERNON (28)
**DU DIMANCHE 4
AU SAMEDI 10**
Retraite
« Avec Pierre, découvrir le vrai visage du Christ et grandir dans son amitié » : retraite prêchée avec le père Patrice de La Salle, jésuite, à l'école des *Exercices spirituels* de saint Ignace.
02 37 83 60 01
prieure-epernon@orange.fr
www.prieure-saint-thomas.fr

LA ROCHE-DU-THEIL (35)
**DU LUNDI 19
AU DIMANCHE 25**
Retraite
Le royaume de Dieu progresse par chacun de nous. Une halte spirituelle sur le thème : « Baptisés dans l'espérance », avec le père Laurent Tournier, pour devenir semeur d'espérance dans le monde.
02 99 71 11 46
secretariat@larochedutheil.com
www.larochedutheil.com

REDON (35)
**DU SAMEDI 31
AU LUNDI 9 AOÛT**
Pèlerinage
Pour le 25e anniversaire de la « Route Saint-Martin », la communauté Saint-Martin propose aux jeunes de 17 à 28 ans de se rendre en pèlerinage de Redon à Sainte-Anne d'Auray. Des temps de prière et d'enseignements, dans le cadre de l'année Saint-Joseph, sur le thème : « Paternité et maternité à cœur ouvert ! »
Inscriptions en ligne : https://com-st-martin.force.com/s/evenements

Grand Nord-Est

JOIGNY (89)
**DU MERCREDI 7
AU JEUDI 15**
Retraite à la carte
Retraite à la carte de 3 à 8 jours, pour vivre une expérience de prière, de discernement ou de recul, en silence. La retraite est

AGENDA

... personnalisable. Animée par une équipe du centre spirituel ignatien Sophie-Barat (religieuses du Sacré-Cœur de Jésus). Pour les étudiants et jeunes pro.
03 86 92 16 40
centre-sophie-barat@rscj.com
www.centre-sophie-barat.com

VION (72)
**DU MARDI 27
AU SAMEDI 31**
Retraite
« L'homme en santé selon sainte Hildegarde », retraite au sanctuaire Notre-Dame du Chêne, animée par le frère Pascal, csj, et par François et Claire Delbeke, de l'association Étoile Notre-Dame.
02 43 95 48 01
ndchene@notredameduchene.com
www.notredameduchene.com

Grand Sud-Ouest

SYLVANÈS (12)
**DU MERCREDI 14
AU DIMANCHE 29 AOÛT**
Festival
Au programme de ce 44ᵉ festival de musiques sacrées – musiques du monde, dans ce joyau de l'art cistercien niché en Aveyron qu'est l'abbaye de Sylvanès :
Liturgie bizantine de saint Jean Chrysostome (dirigée par Frédéric Tavernier-Vellas) en ouverture le mercredi 14, l'Oratorio *« Serge Radonège, une voie dans le silence »* de Raphaël Lucas (création du festival) le dimanche 25...
05 65 98 20 20
www.sylvanes.com

LA PUYE (86)
**DU LUNDI 5
AU VENDREDI 9**
Retraite
« Reconnaître et nourrir la quête spirituelle de nos contemporains » : retraite d'été pour tous, animée par la communauté des Filles de la Croix de La Puye.
05 49 00 28 20
poleformation@poitiers-catholique.fr
fillesdelacroix.com

Grand Sud-Est

BIVIERS (38)
**DU VENDREDI 2
AU DIMANCHE 11**
Retraite
« Revivre par le jeûne » : pratiquer le jeûne et en recevoir tous les bienfaits, mieux habiter son corps, porté par un climat de

prière et d'intériorité, en groupe dans le partage et la détente. Pour des personnes en bonne santé.
Au centre spirituel Saint-Hugues.
04 76 90 35 97
www.sainthugues.fr

LE REPOSOIR (74)
DU SAMEDI 31 AU VENDREDI 6 AOÛT
Retraite
« Prier et marcher », une retraite dans le massif des Aravis, animée par la famille spirituelle de Charles de Foucauld, sur le thème : « Parole de Dieu, don de soi, chemin d'unité avec Charles de Foucauld. »
Informations : Jacqueline Vial
07 82 44 88 38
vialjacqueline@yahoo.fr

ZOOM

Journée mondiale des grands-parents et des personnes âgées

Dimanche 25 juillet, les grands-parents et les personnes âgées seront mis à l'honneur lors d'une Journée mondiale qui leur est désormais dédiée chaque quatrième dimanche de juillet. Nous fêtons aussi ce mois-ci les « grands-parents » de Jésus, saints Joachim et Anne. En cette Année de la famille, le pape François (dans sa prière d'Angélus instituant cette Journée mondiale) a souhaité rappeler qu'« il est important que les grands-parents [et leurs petits-enfants se] rencontrent, parce que [...] les grands-parents rêveront devant leurs petits-enfants [...], et les jeunes, en prenant la force de leurs grands-parents, avanceront, prophétiseront. » Après ces longs mois de crise sanitaire, altérant les liens familiaux et renforçant l'isolement des personnes âgées, cette Journée mondiale permet aussi de se redire que « leur voix est précieuse parce qu'elle chante les louanges de Dieu », et que « la vieillesse est un don ». ■

Clotilde Pruvôt, journaliste

AGENDA

... LÉONCEL (26)
DU LUNDI 19
AU VENDREDI 23
Retraite
« À la lumière de Jean Cassien » : session spirituelle animée par sœur Emmanuelle Billoteau (que les lecteurs de *Prions en Église* connaissent bien – lire p. 267).
Deux conférences par jour sur Jean Cassien, disciple d'Évagre le Pontique et héritier des Pères du désert.
06 33 05 05 22
leoncel.actualites@orange.fr
abbaye-leoncel-vercors.com

Île-de-France

PARIS (VIIE)
DU JEUDI 15
AU MARDI 20
Spectacle
« Catherine Labouré, un cœur brûlant de charité » : ce spectacle devait avoir lieu en novembre 2020 et a été reporté à ces dates.
Il a été créé en l'honneur du 190e anniversaire des apparitions de la Vierge Marie (1830-2020) à sainte Catherine (1806-1876), rue du Bac.
01 49 54 78 88
www.chapellenotre
damedelamedaillemiraculeuse.com

Monde

DIMANCHE 25
Année jacquaire
Le 25 juillet, fête de saint Jacques, tombe cette année un dimanche. C'est donc une année jubilaire pour les chemins de Saint-Jacques-de-Compostelle.
À l'occasion, plusieurs manifestations sont organisées sur les différentes voies *(lire p. 183).*

ENVOYEZ VOS RENDEZ-VOUS À L'AGENDA DE PRIONS EN ÉGLISE : Merci d'envoyer les informations nécessaires 3 mois avant l'événement, sans engagement de publication par la rédaction, à : *Prions en Église,* Agenda, 18 rue Barbès, 92120 Montrouge, ou par e-mail : *prionseneglise@bayard-presse.*

Prions en Église 18, rue Barbès, 92128 Montrouge Cedex.
www.prionseneglise.fr

▶ POUR CONTACTER LE SERVICE CLIENT : **01 74 31 15 01** – service.client@bayard-presse.com
(Préciser : nom + adresse postale + « concerne Prions en Église ».)
▶ POUR VOUS ABONNER : **01 74 31 15 01** – www.librairie-bayard.com
Bayard, Prions en Église, TSA 60007, 59714 Lille Cedex 9
▶ POUR CONTACTER LA RÉDACTION : **01 74 31 63 24** – prionseneglise@bayard-presse.com

Directeur de la publication : Pascal Ruffenach. Directeur : Jean-Marie Montel.
Rédaction : Karem Bustica (rédactrice en chef), Frédéric Pascal (rédacteur en chef adjoint), Armelle Gabriel (assistante), Pomme Mignon (directrice artistique), Jean-Baptiste Deau, Clotilde Pruvôt, Nicolas Crouzier (secrétaires de rédaction), Laurent Sangpo, Alexia Féron, Pascal Redoutey (rédacteurs graphistes), P. Thibault Van Den Driessche, P. Jean-Paul Musangania (rédacteurs), Agnès Thépot (relations lecteurs). Ont participé : Béatrice Basteau.
Marketing éditeur et développement : Anne-Claire Marion (directrice), Amandine Boivin (responsable marketing).
Marketing diffusion et abonnement : Aurore Bertrand (directrice), Sandrine Dos Santos (chef de marché).
Direction des terrains catholiques : Pascale Maurin (directrice), Stéphanie Chauveau (chef des ventes).
Voyages lecteurs : Corinne Miguel. Contrôle de gestion : Audrey Cremet-Breton. Fabrication : Franck Fournier.
Impression : Maury SAS, Z.I. Route d'Étampes, 45330 Malesherbes.
Textes liturgiques : © AELF. Chants : © Éditeurs. © Bayard et Novalis. Reproduction interdite sans autorisation.
Prions en Église est édité par Bayard Presse, société anonyme à Directoire et Conseil de Surveillance au capital de 16 500 000 €. Actionnaires : Augustins de l'Assomption (93,7 % du capital), SA Saint-Loup, Association Notre-Dame de Salut. Directoire : Pascal Ruffenach (président), P. André Antoni, Alain Augé et Florence Guémy (directeurs généraux). Président du Conseil de Surveillance : Hubert Chicou. Dépôt légal à parution. CPPAP : 0425K86471 – ISSN : 0383-8285.
Belgique : Sandrine Van Gossum (éditeur responsable pour la Belgique), Bayard Presse Bénélux, Da Vincilaan, 1 11930 Zaventem. Tél. : 0800 90 028 (de Belgique, gratuit) ou 00 32 87 30 87 32 (de France) ou Tél. : 800 29 195 (du Luxembourg). Web marché chrétien : www.bayardchretien.be. Suisse : Edigroup SA 39 rue Peillonnex 1225 Chêne-Bourg – Suisse. Tél. : 00 41 22 860 84 02. Mail : abobayard@edigroup.ch

Prions en Église agit pour l'environnement
Origine du papier : Allemagne
Taux de fibres recyclées : 0 %
Origine des fibres : papier issu de forêts gérées durablement
Impact sur l'eau : Ptot 0,0016 kg/T

Ce numéro comporte
Sur la totalité de la diffusion :
encart jeté "Prions en Église" ;
encart posé "Prions en Église".

Sur une partie de la diffusion :
relance posée "Prions en Église"
offre d'abonnement.

TÉLÉCHARGEZ
L'APPLI
PRIONS EN ÉGLISE
ET ACCÉDEZ
GRATUITEMENT
À L'ESPACE
PREMIUM
PRIONS+

■ Retrouvez l'Évangile en audio, les chants du dimanche et bien plus encore.

■ Un privilège réservé aux abonnés de *Prions en Église*.

Bulletin d'abonnement

☐ OUI, je m'abonne à *Prions en Église*

ÉDITION POCHE (13 x 11,9 cm) - PRI
- ☐ **1 an** (12 n°s) .... **45 €**
- ☐ **2 ans** (24 n°s) .... **80 €**
- ☐ **Étudiant** 1 an .... **29,95 €***

ÉDITION GRAND FORMAT
(16 x 14,6 cm) - PRI
- ☐ **1 an** (12 n°s) .... **52 €**
- ☐ **2 ans** (24 n°s) .... **90 €**

+ EN CADEAU :
le CD de musique sacrée
Et misericordia

 PAR COURRIER Renvoyez ce bulletin accompagné de votre chèque libellé à l'ordre de *Bayard* à l'adresse suivante : **Bayard - TSA 60007 - 59714 Lille CEDEX 9**

 PAR INTERNET
librairie-bayard.com/abopri

 PAR TÉLÉPHONE Votre code offre : A176586
01 74 31 15 01

COORDONNÉES ☐ Mme ☐ M. Prénom

Nom A176586

Complément d'adresse (résid./Esc./Bât.)

N° et voie (rue/Av./Bd...)

Code postal .... Ville

Pays .... Date de naissance J J M M A A A A

Tél. .... E-mail
Pour recevoir, conformément à la loi, la confirmation de votre abonnement

RENSEIGNEMENTS POUR LES ABONNEMENTS HORS FRANCE MÉTROPOLITAINE

		DOM-TOM & UE	AUTRES PAYS	BELGIQUE	SUISSE
📞 Téléphone		(33) 174 311 501		0800/90028**	(022) 860 84 02
POCHE	1 an	48 €	54 €		
	2 ans	86 €	98 €	Renseignez-vous sur les tarifs	
GRAND FORMAT	1 an	55 €	61 €	et abonnez-vous par téléphone	
	2 ans	96 €	108 €		

*Uniquement en France métropolitaine. Cette offre ne contient pas de cadeau. Joindre une photocopie de la carte d'étudiant.   **Appel gratuit

PrionsenÉglise

ABONNEZ-VOUS !

À partir de **3,75€** par mois

EN CADEAU : le CD de musique sacrée *Et misericordia* pour célébrer la miséricorde de Dieu

Un récital de Béatrice Gobin puisant dans le répertoire des grandes œuvres spirituelles de Bach, Haendel, Mozart... sur le thème de l'amour infini de Dieu et du pardon. Sa voix pure et lumineuse est accompagnée à l'orgue et au piano par Éric Lebrun, titulaire de l'orgue de l'église Saint-Antoine des Quinze-Vingts à Paris.

PrionsenÉglise

EN CADEAU

☐ **OUI, je m'abonne à *Prions en Église*.**
Je recevrai le CD de musique sacrée *Et misericordia*

ÉDITION POCHE (13 x 11,9 cm) - PRI
PRÉLÈVEMENT MENSUEL: ☐ **3,75 €/mois**
Uniquement par téléphone ou par internet
PAIEMENT COMPTANT:
1 an (12 numéros) ☐ **45 €**
2 ans (24 numéros) ☐ **80 €**

ÉDITION GRAND FORMAT (16 x 14,6 cm) - PRI
PRÉLÈVEMENT MENSUEL: ☐ **4,30 €/mois**
Uniquement par téléphone ou par internet
PAIEMENT COMPTANT:
1 an (12 numéros) ☐ **52 €**
2 ans (24 numéros) ☐ **90 €**

✉ **PAR COURRIER** Renvoyez ce bulletin accompagné de votre chèque libellé à l'ordre de *Bayard*
à l'adresse suivante: **Bayard - TSA 60007 - 59714 Lille CEDEX 9**

📶 **PAR INTERNET**
librairie-bayard.com/abopri

📞 **PAR TÉLÉPHONE** Précisez votre code offre: A176582
01 74 31 15 01

COORDONNÉES ☐ Mme ☐ M. Prénom

Nom   A176582

Complément d'adresse (résid./Esc./Bât.)

N° et voie (rue/Av./Bd...)

Code postal   Ville

Pays   Date de naissance   J J M M A A A A

Tél.   E-mail
Pour recevoir, conformément à la loi, la confirmation de votre abonnement

EN VENTE ÉGALEMENT EN LIBRAIRIE RELIGIEUSE. Abonnements à l'international: UE DOM TOM et autres pays: (+33) 1 74 31 15 01
🇨🇭 SUISSE: (022) 860 84 02 🇧🇪 BELGIQUE: Tél.: 0800/900.28 (appel gratuit). www.bayardchretien.be 🇱🇺 LUXEMBOURG: 800/29.195

Offre valable jusqu'au 30/09/2021 pour tout 1er abonnement. En cas de rupture de stock, vous recevrez un cadeau d'une valeur commerciale équivalente. Photos non contractuelles. À l'exception des produits numériques ou d'offre de service, vous disposez d'un délai de 14 jours à compter de la réception de votre produit/magazine pour exercer votre droit de rétractation en notifiant clairement votre décision à notre service client. Vous pouvez également utiliser le modèle de formulaire de rétractation accessible dans nos Conditions Générales de Vente. Nous vous remboursons dans les conditions prévues dans nos CGV. Pour en savoir plus: https://librairie-bayard.com/cgv. Les informations sont destinées au groupe Bayard, auquel *Prions en Église* appartient. Elles sont enregistrées dans notre fichier clients à des fins de traitement de votre commande. Conformément à la loi « Informatique et Libertés » du 06/01/1978 modifiée et au RGPD du 27/04/2016, elles peuvent donner lieu à l'exercice du droit d'accès, de rectification, d'effacement, d'opposition, à la portabilité des données et à la limitation des traitements ainsi qu'au sort des données après la mort à l'adresse suivante, en joignant une photocopie de votre carte d'identité: Bayard (CNIL), TSA 10065, 59714 Lille CEDEX 9. Pour plus d'informations, nous vous renvoyons aux dispositions de notre Politique de confidentialité sur le site www.groupebayard.com. Nous vous informons de l'existence de la liste d'opposition au démarchage téléphonique « Bloctel », sur laquelle vous pouvez vous inscrire ici: https://conso.bloctel.fr. Vos données postales sont susceptibles d'être transmises à nos partenaires commerciaux, si vous ne le souhaitez pas, cochez cette case ☐